世界神話学入門

後藤 明

講談社現代新書
2457

はじめに——なぜ世界中に似たような神話があるのか

『古事記』とオルフェウス神話

世界の遠く離れたさまざまな場所によく似た筋立ての神話があることは、読者もお聞きになったことがあるだろう。

たとえば『古事記《こじき》』における最初の男女、イザナキ・イザナミの話。この最初の男女神が天界から下界を眺め、何もない海をアマノヌホコという矛《ほこ》でかき混ぜると、滴がしたたり落ちてオノゴロ島になる。このかき混ぜる道具はじつは銛《もり》、つまり漁具であり、ポリネシアに広がる島釣り神話と同列ではないかという議論が早くからなされてきた。すなわちハワイやニュージーランドのマオリ族の間に伝わるマウイ神の島釣り神話との親近性である。

またオノゴロ島に男女が降り立つという件《くだ》りは、この本の第四章で述べる原初の水と、そこにできた島に最初に降臨する、あるいは舟でたどり着くという最初の男女のモチーフとして、沖縄や東南アジアや太平洋に広く見られるモチーフに連なっている。

この最初の男女は兄妹だが、本来なら許されない交わりを持つ。柱の周りをそれぞれが右回りと左回りに回って出会い、惚れ合うのは、中国南西部の少数民族で行われる歌垣《うたがき》の儀礼そのものである。しかし女神から先に声をかけたことで、最初の交わりは間違いとされ、生まれた子供も産み損ない（蛭子《ひるこ》）となる。この件りも沖縄や東南アジアあるいはポリネシアをはじめとして、各地に見られるものである。

次に正常な性交をしたイザナミは、次々と日本列島を形成する八洲《やしま》（八つの島々）を産んでゆく。女神が島を産み続けるのは、ハワイの島々の形成の神話と同じである。しかし最後に火の神カグツチノカミを産んだときにホト（陰部）にやけどを負い、イザナミは死んでしまう。これはこの女神が体内に火を持っていることを意味することから、出産が火の起源を語る神話となっている。この女神の体内にある火というモチーフは、インドやニューギニア、あるいは北米先住民の間にも広く見られる。

その後、死んだイザナミを追って、イザナキは黄泉《よみ》の国を訪れる。しかしイザナミは、自分は黄泉の国の食べ物を食べてしまったから現世にはもどれない（いわゆる黄泉戸喫《よもつへぐい》）、しかし黄泉の国の神と相談してみるので、それまでけっして私の姿を見てはいけない、と言う。しかしイザナキは禁を破って火をともして妻の姿を見てしまう。妻は、おぞましい姿になっていた。

死んだ妻を追って冥界に行くが、妻をこの世に連れ戻すために何らかのタブーを守る義務を負う。しかし夫はそれが守れなかったために妻は冥界にとどまり、それまでつながっていた現世と冥界との往来が永遠に失われてしまうというこのモチーフは、ギリシャ神話のオルフェウスの物語に典型的なので、オルフェウス型神話と呼ばれている。

オルフェウスはすぐれた音楽家で、その奏でる歌と竪琴《たてごと》は鳥獣草木まで魅惑し、嵐さえも収めるほどであった。彼は木の精あるいは水の精エウリュディケーを妻としたが、彼女は川の畔《ほとり》で毒蛇に嚙まれて死んでしまった。オルフェウスは悲しみのあまり歌も忘れていたが、ゼウスの許しを得て愛妻のあとを追い、冥界の入り口の洞窟に入った。

生きた人間は通さないはずの渡守や猛犬も音楽で恍惚とさせ、さらに冥界の王ハデスも感動させて妻を連れ帰る許しを得た。しかしそれには太陽の光を仰ぐまで決して振り返って彼女をみてはいけないという条件があった。オルフェウスは妻を連れて地上に向かったが、背後に気配がないので禁を破って振り返ってしまった。すると妻は永遠の別れを告げて姿を消した。

イザナキ・イザナミ神話の場合は、妻のおそろしい姿を見るという点でオルフェウス神話とは異なっている。しかし死んだ妻を探して冥界に下って行くものの、禁を破ったことが原因で永遠の別れにつながるという筋立ては同じである。

類似の神話はヨーロッパ各地にも見られる。たとえばゲルマン神話には、太陽神バルドル（男神）が死んだのを悲しんだ父のオーディンと后《きさき》のフリッグが勇士ヘルモッドを冥界に遣《つか》わす話がある。冥界の女神ヘルは地上で誰一人、バルドルの死を悲しまぬものがいなかったなら彼を生き返らせようと約束した。そこで父母の神々は、人間はおろか動植物も草木も悲しむように触れをだした。しかし洞窟に隠れ住む老婆だけが従わなかったので、バルドルが生き返ることはなかった。

日本神話により類似した話はメラネシアに見られる。たとえば、ソロモン諸島のガダルカナル島ではこうなっている。

最愛の妻が死んだとき、その夫は山の頂上にある国に、霊になって妻の魂を探しに行った。しかし彼は妻を見つけられず、岩に腰掛けて泣いた。精霊がかわいそうに思い、その一人が彼に籠《かご》を預け「ここにお前の妻の魂が入っている。だがこれから五日が過ぎるまでは決して中を覗かないように注意せよ」と言った。男は帰途についた。

途中で妻が彼に話しかけてきた。「あれは妻の声だ。しかしどうやって彼女はこんな小さな籠に入っているのだろう？　開けてみよう」。彼はてっぺんの紐を解いたが、そこには何も入っていなかった。また妻の声も聞こえなくなった。

日本神話では、醜い姿を見られずイザナミが恐れをなして逃げるイザナキを死者たちに追わせるが、このとき逃げるイザナキが蔓《かずら》や櫛《くし》を投げるとそれらが筍《たけのこ》になって追手を遮る。このようにさまざまな障害物、とくにこの日本神話のように何かが障害物に変身するというモチーフは、「呪的逃亡」、英語では「マジック・フライト」としてアフリカから北米大陸に至るまで世界各地で広く知られている。

では、どうして世界の非常に離れた場所、あるいは世界中の広範な場所にこのように類似した神話モチーフが存在しているのだろうか。

一つには、人類は文化や環境が異なっていても似たような思考を持つことが考えられるだろう。たとえば太陽は全ての生命の成育に不可欠なものである。そのために太陽を神格化するような思考である。ただし太陽や月を神格化する思考は広く見られるにしても、どちらを男あるいは女とするかには一般性はない。

もう一つの理由として、歴史的な要因、すなわち人類の移動や文化の伝播に起因する場合も考えられるだろう。これまでにも世界中の神話の類似点から、さまざまな文化の伝播や系統論が唱えられてきた。しかし近年、世界の神話の系統は大きく二つの流れに分けられるのではないかという学説が唱えられるようになった。それがこれから本書で見てゆく世界神話学説である。

世界神話学説とは？

本書では神話の世界的な広がり、とくにアフリカとアジアやオセアニア、あるいはアメリカ大陸という予想外の地域間に見られる類似について、一つの仮説を提唱することを目的としている。この仮説は二〇年ほど前に提唱されたが、そのまとまった書物がハーバード大学のマイケル・ヴィツェルによって近年公刊された『世界神話の起源』である。ヴィツェルは古代インドの神話や宗教を専門とする研究者である。日本人女性を妻とすることもあって日本をはじめ世界の神話に精通しているが、那智《なち》の火祭りを見た時、自らの専門であるインドの火の祭りとの類似に気がつき、この学説を構想するに至ったという。

一方、ロシアの学者ユーリ・ベリョーツキンもシベリアと北米を中心に神話モチーフの共通性を探ってきた。シベリアと北米神話の共通性はクロード・レヴィ＝ストロースやフランツ・ボアズといった人類学の巨人たちによってすでに指摘されていた。しかしベリョーツキンはパソコンを駆使して神話モチーフの分布を明示化し、さらに中南米、ユーラシアからアフリカ、そしてオセアニアにまで視野を広げ、比較神話学に大きく貢献した。ベリョーツキンはロシア人だが、自身の学説を英語でワールド・ミソロジー（world mythology）と呼んでいる。ヴィツェルの著作のタイトルも『世界神話の起源』なので、本書ではこの学説を「世界神話学」と呼ぶことにしよう。

彼らのように世界規模で神話の共通性を探ってきた研究者たちは、近年の遺伝学や考古学による現生人類移動のシナリオが特定の神話モチーフの世界的広がりと合致する傾向が高いことに気がつき、世界神話学の国際的な研究グループを形成した。この研究会は日本でも開催されたことがあり、これには私も参加したことがある。

ヴィツェルが近年唱えている世界神話学説は、古層ゴンドワナ型神話と新層ローラシア型神話と、世界の神話が大きく二つのグループに分けられるという仮説である。そしてこの神話学説が、遺伝学、言語学あるいは考古学による人類進化と移動に関する近年の成果と大局的に一致するというのが彼の主な主張である。

ゴンドワナ（Gondwana）は、インド中央東部にある、サンスクリット語起源の名前である。それは現在のアフリカ、南アメリカ、南極、オーストラリアなどの大陸およびインド亜大陸、アラビア半島、マダガスカル島を含んだ、大きな大陸であった。

一方ローラシア（Laurasia）大陸は、アメリカ大陸を意味するローレンシア（セントローレンス川に由来する語）大陸とユーラシア大陸からの造語である。南にあったゴンドワナ大陸に対し、北半球にあったローラシア大陸は、後にユーラシア大陸とローレンシア、つまり北アメリカ大陸に分離したと考えられている。

この語源は大陸移動説に由来する。大陸移動説を唱えたアルフレート・ヴェーゲナーは、現在の諸大陸は分裂する前に一つであったという仮説を考え、この大陸をギリシャ語で「すべての陸地」を意味する「パンゲア（Pangaea）大陸」と呼んだ。この超大陸パンゲアが分裂し、ゴンドワナ大陸とローラシア大陸が生成されたわけである。

ゴンドワナ神話群はアフリカで誕生した現生人類のホモ・サピエンスが持っていた神話群で、初期の移動、すなわち「出アフリカ（アウト・オブ・アフリカ）」によって南インドそしてオーストラリアへと渡った集団が保持する古層の神話群と考えられる。具体的にはサハラ砂漠以南のアフリカ中南部の神話、インドのアーリア系以前の神話、東南アジアのネグリト系の神話、そしてパプアやアボリジニの神話群である。

一方ローラシア型神話群にはエジプトやメソポタミア、ギリシャやインドのアーリア系神話、中国や日本神話の大半が含まれる。日本神話が周辺の中国や朝鮮半島の神話と類縁性があるのは当然としても、ユーラシア大陸の西端のゲルマンや北欧神話との類縁性、あるいはインド、またポリネシアなどの神話との関係がこれまでにもしばしば議論されてきた。だが世界神話学説によれば、これらはすべてローラシア型神話群に含まれるのだから、似ているのはむしろ当然になる。

ここで強調しておかなければならないが、ゴンドワナ、ローラシア型神話群という表現は比喩的なものであるということだ。大陸の移動が起こったのは二億年ほど前と考えられている。一方、人類の起源は七〇〇万年前、ましてや本書の対象であるホモ・サピエンスの時代となると、どれほど遡っても二〇万年前である。本書で追究する神話群の分岐はあくまでホモ・サピエンスの移動によって起こったものであり、人類出現のはるか以前に起こった大陸移動によって人類集団そして神話群の分岐が起こったわけではない。

ここで改めてゴンドワナ型とローラシア型という三つの神話群の実態について考えておこう。

ゴンドワナ型神話はモホ・サピエンスの初期移動にともなって広がった神話であると仮定される。ホモ・サピエンスはネアンデルタール人などの旧人、あるいはアジアの原人系統の集団がいた地域では、彼らと接触があっただろう。しかし神話を語る能力はホモ・サピエンス特有のものと考えられるから、先住の旧人や原人系統の集団との混合は起こらなかっただろう。さらにホモ・サピエンスは前人未到の地域、オーストラリア大陸や、おそらくアメリカ大陸の一部にも移動したので、彼らが持っていた神話は比較的純粋な形を保っていたはずである。

一方、すでに地球上の大部分の地域にホモ・サピエンスが移住した後に西アジアの文明圏を中核として生み出されたローラシア型神話は、さまざまな集団の移動によって各地に伝播していった。具体的にはインド＝ヨーロッパ語族、オーストロネシア語族、あるいはスキタイ系の騎馬民族の移動、さらにはシベリアから新大陸への移動などによってである。その後もたびたび重なる移動と文化伝播によって神話に共通性が生まれたり、あるいはモチーフの新たな組み合わせが生じたりしただろう。

したがって、これらの神話群の成立メカニズムはかなり異なっている。二つ神話群があることが、人類移住の波が二つきりであったことを意味するわけではないことに注意を促しておきたい。

またこの学説には、神話研究を科学のレベルに引き上げるものだ、と評価する意見や書評もある一方、かつての「矮小民族論」のような人種主義（レイシズム）の復活だとする酷評もあることを付け加えておかなければならない。つまりサンやコイサン、ネグリト、アボリジニ、あるいは南米南端にかつて住んでいたヤーガンなどは人類の古い種族、すなわち進化に取り残された集団とするかつての考え方の復活であるとして危険視する意見もあるのである。

私も本書を書くに当たって、このような批判は十分意識している。そもそもゴンドワナ型神話とローラシア型神話の間に断絶があるわけではない。さらにゴンドワナ型神話を語る集団は、けっして進化に取り残された集団でもない。砂漠や極北という過酷な環境に適応するために、もっとも進化した集団なのである。また本書の最後では、ゴンドワナ型神話の現代的意義について、積極的に評価しようと考えている。

二つの神話群

二つの神話群の特徴を、まずローラシア型神話から述べていこう。なぜローラシア型に先に触れるかというと、われわれの知る神話は大多数がローラシア型に属しているので、こちらの方が親しみやすく感じられるからである。一方ゴンドワナ型神話群は、われわれには、こうしたローラシア型神話的要素の欠如したものと感じられるだろう。

ローラシア型神話群は世界の無からの創造を語る。次に最初の神、とくに男女神の誕生、さらには天地の分離が語られる。そして大地の形成と秩序化、それにともなう光の出現、火や聖なる飲み物の獲得、原初の竜退治などのテーマが連なる。そしてその後に続く、神々の世代と闘争、半神半人の時代、人類の出現、さらには、後に貴族の血脈の起源

	ローラシア型神話群
	ヨーロッパ、北アフリカから中近東（エジプトやメソポタミア文明圏）、ペルシャや古代インド文明圏、中国文明圏、ポリネシア。シベリアや新大陸ではゴンドワナ型との混合が著しい
	強い（ストーリーラインが確立し叙事詩的な傾向）
	無からの創造
	創世神によって造られる
	(1)宇宙と世界の起源 (a) 原初の水・混沌・無存在からの創造 (b) 原初の卵・巨人 (c) 原初の島・丘、など (2)原父母と神々の系譜の誕生 (3)世界の秩序化 (a) 光の創造や天地分離 (b) 竜の退治（あるいは類似の怪物の退治） (4)人類の出現とその欠陥の出現（と同時に原罪の発生）、神々の闘争がしばしば四（五）時代制の中で起こる (5)大洪水と人類の再出現 (6)半神の時代と、土地のシャーマンあるいは貴族一族の出現 (7)そして場合によっては、 再び現世の暴力的な終わり、そして世界の再生

（および天の川の起源）(6)隠された太陽の光の出現 (7)現在の神々が古い神々を打ち破る (8)「竜」殺し（と天の飲料の使用）、大地の豊饒化 (9)人間の父としての太陽神（あるいは「首長のみ」の父としての）(10)最初の人間と最初の悪行（悪行は半神による場合もある）、死の起源／洪水 (11)英雄とニンフ (12)文化英雄あるいはシャーマンが文化を与える。火／食物、儀礼、人間の拡散／地方首長の出現／地方史の始まり (13)人間、世界、神々の最終的滅亡（「四つの時代」テーマの異伝）(14)（新しい天と新しい地）

特徴	ゴンドワナ型神話群	
主なる 地域 *1	アフリカ中南部、インドの非アーリア地帯、アンダマン諸島、マレー半島のネグリト集団、メラネシア、オーストラリア・アボリジニ	
ストーリー性	弱い（一つ一つの話が独立傾向）	
宇宙の創造	語られない、あるいは興味を持たれない	
天・地や海、天体、自然現象、など	最初から存在する。天体や風などの自然現象も人間や動植物と一緒に地上に暮らしていたとされることが多い	
特徴的な 神話要素 *2	(1)原初、天と地（と海）はすでに存在 (2)至高神は天に住むか、地上に住み、後に天に昇る (3)しばしば高神の子供である下位の神々は、トリックスターや文化英雄である (4)高神の子供（ないしは人間）による悪しき行為のために原初の時代は終わる (5)人類は木、粘土（または岩）から創り出される。まれには神々／トーテム祖先から直接に創り出される。あるいは地下から出現する (6)人類の高慢な振る舞いや過去のために罰として洪水が起こる。さまざまな形で人類は復活する（ただし世界終末の神話は欠けている）	

ゴンドワナ型神話群とローラシア型神話群の比較表

*1　新大陸の一部にはかなり純粋なゴンドワナ型神話群が見いだせると筆者は考える。

*2　ゴンドワナ型神話要素はWitzel（2012）をもとに松村一男氏（2014）が整理したものに依拠、さらに筆者が若干改変している。また、もともとWitzelがあげたローラシア型神話の要素を松村氏が翻訳したものは次の通りである。(1)原初の水／混沌／「非存在」(2)原初卵／原初巨人（3)原初の丘ないしは島（4)天（父）／地（母）と子供たち（四つか五つの世代／時代）(5)天が持ち上げられる

へとつながるテーマを骨子とする。最後には、しばしば現世の暴力的な破壊と新しい世界の再生が語られる。

このストーリーには、洪水は人間が悪さをした結果として起こるので、人類の誕生の前には起こったことはなかったとか、竜は男女神の子孫であるから、竜退治の話は男女の神々が現れる前には起こらない、といった独自の論理が存在する。そしてそれらが内在的な物語的なスキームとなって基本的なストーリーラインを形成する。ローラシア型神話は筋がはっきりしていると同時に楽しみやすいので記憶しやすい。それゆえわれわれ現生人類の感性に強く訴えかける力があるので、歴史の中でこれまで何度も再生され、近年では『スター・ウォーズ』や『ロード・オブ・ザ・リング』の基本的な筋立てとして、言語や文化を超えて楽しまれている。

ゴンドワナ型神話群の特徴は、ローラシア型神話群との対比によって明確になる。すなわち上記のような神話的思考がオーストラリア、ニューギニア、メラネシアやサハラ以南のアフリカの多くには欠如しているのだ。ここではローラシア型神話群のように無からの至高神による天地創造は語られない。ゴンドワナ型神話群では、世界は最初から存在するのである。

近年のＤＮＡの研究によって、二〇万年ほど前にアフリカで誕生した現生人類、ホモ・

サピエンスは一〇万年ほど前にアフリカを出て、アラビア半島、インド亜大陸を経てスンダランド（氷河期の海面低下によって東南アジアの島々が繋がってできた古代の大陸）、そしてそこから海を渡ってサフル大陸（オーストラリア大陸やニューギニア島が一つになっていた古代大陸）に移動したという学説が唱えられるようになった。この学説には最近、修正が加えられているが、ゴンドワナ型神話の分布はこの遺伝学の仮説に大局的に合致するのである。

一方、ニューギニア島より東に広がる島々、とくに太平洋の真ん中のハワイやポリネシアの島々には、この時代にはまだカヌーや航海術が未熟であったため、人類は到達できていなかった。しかし今から五〇〇〇年くらい前、台湾付近にオーストロネシア語族、直訳すると南島語族が誕生すると、これらの人々がフィリピン、インドネシアの島々を通り、先住民のいたニューギニア島および東方のメラネシアの島々を通って、前人未到のポリネシアまで到達した。時代は縄文中期だが、南島語研究の泰斗《たいと》・崎山理《さきやまおさむ》氏の最近著『日本語「形成」論』では、同じ時期に日本に伝わったであろう語彙が多数示されている。隼人《はやと》はハイト（＝南の人）、トカラ（吐噶喇）やヤク（屋久島）などの地名も縄文時代に伝わった南島語起源だという。

このようにポリネシア人たちは形質的にも遺伝学的にも、途中で出会ったニューギニア付近の集団との混血こそあったものの、起源地である東南アジアや東アジアの集団との方により強い共通性がある。日本神話とポリネシア神話は古くから共通性が高いことが指摘されてきたが、日本神話に類縁性の多いポリネシア神話がこのように太平洋の中に食いこむ形で存在するのはこのためである。一方、ニューギニアやメラネシア神話はアボリジニ神話と同グループのゴンドワナ型神話群に属するので、隣接するにもかかわらず共通性が低いのだ。

ただし日本列島にはアジアに移動してきた初期段階の現生人類が移住していた可能性もあるので、日本列島にはゴンドワナ型とローラシア型神話の共存あるいは混合が見られる、というのが私の見解である。これについてはあとで詳しく論じよう。

本書では、近年の人文科学においてまれに見る壮大かつエキサイティングな仮説である世界神話学説を検証することを目的とする。しかしヴィツェル仮説の単なる紹介ではなく、私なりの解釈や修正を加えながら論じていきたい。証明された定説としてではなく、作業仮説として、すなわち現在、神話学でもっとも注目されているこの仮説にそって世界の神話を整理してみるとどうなるか、そしてその場合、日本神話はどのように位置づけられるのか、という思考実験を行ってみたいと思う。

私は日本神話は、大局的に見ればユーラシア大陸に広く分布するローラシア型神話群に属していると考えている。つまり日本神話とゲルマン、北アジア、朝鮮、インドの各神話などとの類似性は同じ根っこから来ているからだと理解している。ポリネシア神話との類似性も同様である。ただし日本列島は、人類が東南アジアから北方アジアあるいはアメリカ大陸へと移住するときの経路になっていたために、列島にはゴンドワナ型神話の痕跡も存在する。そのために、日本神話の複雑さあるいは多様性が生まれた、そう考えている。

日本列島でも三万年以上前に遡る旧石器時代の遺跡が発見されている。伊豆の神津島《こうづしま》からは、三万八〇〇〇年前から本州から来た集団によって黒曜石《こくようせき》が運びだされ、利用されている。また琉球列島では二万年から三万年前の人骨や石器が実際に発見されている。ならばこの時代の人類が伝えた神話の痕跡は残っていないのだろうか？　日本語と同様、日本の神話や各地に伝わる民話や伝承は多様であり、ある特定の地域にその起源を求めることはできない。とすればその中に旧石器時代に遡るような要素も見つかるのではないか、というのが本書で筆者が挑戦してみたい課題である。世界神話学説がこの問題の解決に役立つことを示したい。

このように、本書の最後では、日本列島における最古の神話の輪郭を大胆に考えてみたい。国立科学博物館が現在進めている、三万年前の航海実験プロジェクトに海洋人類学者として参加している私としては、海を渡って日本列島に来た最初の人々がどんな神話を語っていたのかを実験的に考えてみたいのである。

もっとも、日本列島に到来した集団が語っていた神話を考えるといっても、その具体的な事例は文字が生み出されてきてから記録された事例や、近年の民族誌的な事例にもとづかざるを得ない。それらの多くは新石器時代の農耕発生あるいは文明発生以後に記録されたもので、そのような時代個有の文脈に沿って語られている。したがって、ここで紹介する神話そのものが、旧石器時代から変わらない形で伝えられてきたわけではない。あくまでも、その時代に語られていた神話の背景にある思想や思考方式についての推測である。

これらの思考実験がどの程度成功しているかは読者の判断にお任せしたい。

目次

第一章　遺伝子と神話

人類の起源を探る

いつの時代も人は自分のルーツ探しに興味をもつ。自分の家系はどこまでたどれるのか、また日本人はどこに起源をもつのか。さらに人類の故郷はどこで、いつどのようにしてアジアや日本列島に渡ってきたのか。

われわれ地球上の人類はすべて新人、すなわちホモ・サピエンスに属するが、もっとも古い人類は、アフリカで発見された七〇〇万年前のサヘラントロプス、それに続くアルディピテクスに遡ると言われている。やがてわれわれの祖先になるアウストラロピテクスが四〇〇万年前に登場するが、彼らは猿人と総称され、アフリカ内で幾種かが確かめられている。

それに続き二〇〇万年前、ホモ属に進化した集団、原人が出現した。その一部はアジアまで移動することができた。その結果がジャワ原人や北京原人である。そのあと中近東からヨーロッパにかけて、新たに旧人といわれる種族が誕生した。ハイデルベルク人やネアンデルタール人である。この時期、アジア大陸では原人も残存していたが、新たに旧人も到来したようである。

かつては、各地の旧人から新人が進化して、コーカソイド（白色系）、ネグロイド（黒色系）、およびモンゴロイドなどにそれぞれ進化したと考えられてきた。これが多系進化説である。私も学生時代にはそのように習ってきた。ところが三〇年ほど前から、この学説は誤りであったと考えられるようになった。次に述べる遺伝子研究の結果である。

それまでは、人類の起源や移動経路の研究は、古人骨ないし化石人骨の研究と考古学が主役であった。古い人骨、とくにその頭蓋骨や歯の形を見ていつごろ人類は類人猿から分かれたのか、そしてかつて人種と言われた集団はいつごろどこで形成されたのか、などが盛んに議論された。また考古学者は石器の製作技法の進化から人類の知能の発達を推測したり、石器組成の違いから異なった文化集団の成立を推測してきた。

やがて生物学的な分析手法がすすみ、われわれが持っているウィルスや病原菌の種類から人類が分岐していく過程が議論されるようになった。こうして登場したのが遺伝子による研究である。血が繋がっていれば遺伝子の組成が近いのだから、人類の分岐パターンや系統を知るためにはもっとも信頼できる方法といえる。

遺伝子分析が示した人類進化の骨子はこうである。

前述のように人類の起源は七〇〇万年ほど前のアフリカに遡ることができるが、現在のわれわれ、すなわち現生人類はそのずっとあと、約二〇万年ほど前にやはりアフリカで誕生したホモ・サピエンスという種に属する。この最初にアフリカで発生した現生人類が最

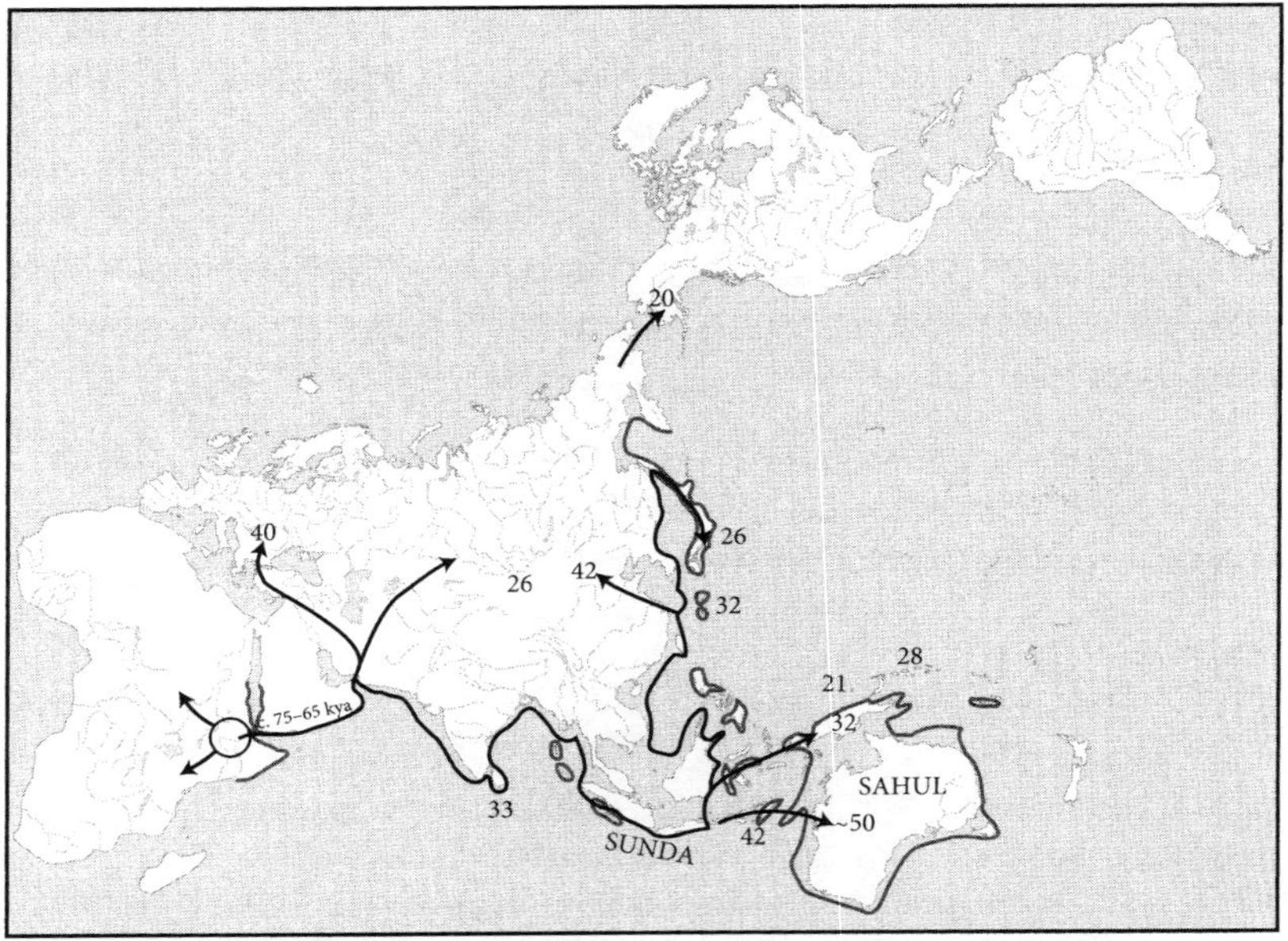

ホモ・サピエンス海岸移動説（Witzel, 2012）

初に大移動を始めたのが、おそらく一〇万年前であり、その集団はアラビア半島からインド、スンダランドをへて、五万〜六万年前にサフル大陸まで至ったと考えられている。

人類最初の移動ルートのひとつがアジアからオーストラリアの海沿いルートであるなら、このルートに沿って古い時代の遺伝子や神話の痕跡が残っているはずである。これがヴィツェルの説えるゴンドワナ型神話群である。さらにそれとは別に、おそらくイランからトルコにかけての西アジア文明揺籃《ようらん》地帯で新たな神話が発生し、ヨーロッパからユーラシア大陸、そして日本やアメリカ大陸まで広がった。これがローラシア型神話群である。

人類の起源と遺伝子研究

現在のわれわれの遺伝型は無限の交配の結果、系統が複雑化しているので、遺伝子分析においてはひとまとまりで交配する単位として、ハプロタイプが追求された。ハプロタイプは父ないし母からそっくり受け継がれる塩基群である。人類の遺伝子の中でも母系にしか遺伝しないミトコンドリアDNAと、男性しか継承しないY染色体は交配しないので、親のハプロタイプをそっくり受け継ぐことになる。このため人類の系統を探るためにも便利な遺伝子として分析が進められた。

母親から子供にそっくり受け継がれるのがミトコンドリアDNAである。その特殊な点は父親の遺伝子と交配せず、だれでも母親の遺伝子をそのまま受け継ぐことである。もしあなたが男なら、あなたのミトコンドリアDNAは子供にはまったく遺伝しない。私のように男兄弟しかいないなら、自分の母親から受け継いだミトコンドリアDNAは自分世代で打ち止めとなる。ただし母に姉妹がいるなら、そちらからその子孫に受け継がれる可能性はある。

その原理を簡単に説明しよう。ある女性の遺伝子の一ヵ所に突然変異aが起こったとする。すると彼女の子供たちはすべてaをもつ。その中で女性たちは子供にaを継承するが、やがてその子孫の一人がこれに加えてbという突然変異をもつ遺伝子をもって生まれたとする。その人が男性ならこの変異は遺伝しないが、女性であれば彼女の子供たちはabという特徴をもつ遺伝子を受け継ぐ。同様にやがてcという突然変異が起こると彼女の子供たちにはabcという特徴をもった遺伝子が受け継がれる。

一方、aをもった一人の女性に別途dという突然変異が起これば彼女の子孫はadという特徴をもつ。するとab、さらにそれから分岐したabcというラインと、adというラインの三つが分かれたことになる。交配しないミトコンドリアDNAの場合、このモデルではa、ab、abc、そしてadという特徴をもった集団からどのように分岐したかを推定することは可能である。たとえばabcはabから分岐し、adからは決して分岐したのではないことがわかる。これを逆にたどると大本のaだけをもった人間まで遡ることができる。

ミトコンドリアDNAは交配しない特殊な遺伝子群だけに、系統、ただし母系の系統をたどることができる。そしてこのDNA分析を世界各地の集団で行ったところ、すべての現代人のミトコンドリアDNAはアフリカにいたであろう一人の女性にたどり着くことが分かった。この女性は「ミトコンドリア・イブ」と人類唯一の母であるというニュアンスで表現されて一世を風靡《ふうび》した。冷静に考えれば、実際は彼女と同じ遺伝型をもつ男女もいたはずである。そして彼女の姉妹や母方のおばからもこの遺伝型は派生しているわけだから、たった一人の女性から遺伝したとは言い切れないのだが。

一方、男性だけに受け継がれるY染色体の分析も並行して進められている。またミトコンドリアDNAは交配しない一万六五〇〇基の塩基配列をもっているが、核ゲノム自体は三二億の塩基配列があり、分析には途方もない時間がかかる。発掘人骨からの採取も簡単ではなかった。しかし近年DNAシークエンシング（塩基配列決定）法と呼ばれる技術が日進月歩、われわれのもっている遺伝子を全体として比較することも夢ではなくなったのである。

ただしミトコンドリアDNAとY染色体の分析でそれぞれ得られた日本人やポリネシア

人の起源に齟齬《そご》が生じることがある。ポリネシア人はミトコンドリアDNAの分析では台湾、Y染色体ではインドネシア方面に起源があるとされる。これは筆者がかつて『海を渡ったモンゴロイド』（講談社選書メチエ）で論じたように、男女の移動の仕方の違いに由来する可能性もあるだろう。たとえばインドネシア付近で海洋民が形成され、台湾に交易に出かける。そこで妻を娶《めと》り連れ帰り、やがて彼らが南方に進出したと考えれば、二種類の遺伝子分析の結果の齟齬の理由が説明できるだろう。

遺伝子による現生人類の広がり

このように、ミトコンドリアDNAとY染色体の分析で細部に異なる点があるとしても、二〇万年ほど前にアフリカで進化したホモ・サピエンスが一〇万年ほど前、原人に続いて二度目の出アフリカを成し遂げたという点ではだいたい一致した結果が得られている。こうしてアフリカ北東部から中近東付近に移動した集団は、おそらく内陸と海岸の二つのルートを通ってユーラシア大陸へと浸透していった。

二〇一五年に発表されたアフリカ全域にわたる集団のゲノム分析でも、アフリカ集団の多様性が示された。つまりアフリカには現在、全世界に広がっている遺伝子型の基本となるタイプが存在しているのである。そしてそれは一〇万年前から六万年前の間に出アフリカ集団があり、その集団に他の現生人類集団が由来する、という今までの仮説を支持する結果となっている。このようにしてヨーロッパやユーラシア大陸に広がっていった人々は、西アジアからヨーロッパで先住のネアンデルタール人と接触して交配した可能性が指摘されている。アジアではジャワ原人などより古い人類と交わった可能性も否定できない。

前述のようにホモ・サピエンスの移動経路の一つはアジアに至る海沿いルートと考えられる。オーストラリアのアボリジニに見られるミトコンドリアDNAに、アフリカの初期ホモ・サピエンスから早い段階で分岐して、他の地域では見つかっていない遺伝子があるからだ。この分析結果は、オーストラリアで六万年前から四万年前に遡る人骨が発見されていることとも合致する。このことから、アフリカで進化して出アフリカをした初期のホモ・サピエンスが西アジアでいくつかの集団に分岐していったとき、その中に海沿いのルートでスンダランドを通り、短期間にサフル大陸まで移動した集団がいたことが推測できる。

スンダランドとは、数万年前の旧石器時代、氷河期のために海面が低下し、インドネシアの島々が大陸と一緒になってできた古代の大陸である。インドの非アーリア系の集団(通称ドラビダ系)、アンダマン諸島人、東南アジアの先住民のネグリト系集団がこの第一次のホモ・サピエンス移動の名残である可能性がある。一方サフル大陸は、同じ頃ニューギニア島とオーストラリア大陸が一つになっていた時代の古代大陸である。

ミトコンドリアDNA分析によって東南アジアには最初にアフリカを旅立った集団につながる古い系統と、それ以降に東南アジアか東アジアに誕生した新しい系統が共存することがわかっている。急速にオーストラリアまで広がった古いグループがまず東南アジアに広がり、そのあとに北から新しいグループが進出してきたと解釈されている。

遺伝学者の篠田《しのだ》謙一《けんいち》氏による、東ユーラシア全体までその対象を拡大したミトコンドリアDNAの分析によれば、東アジアにおいては南方のほうが北方よりも多様性がずっと大きく、基本的に南から北に人類が移動したと考えられるという。同様の傾向はY染色体でも見られる。そして東アジアの六〇〇〇人のY染色体のデータを見ると、九三パーセントを占めるハプログループが東南アジアに起源するもので、それ以外のわずか七パーセントだけが中央から南アジア、ないし東ヨーロッパに起源するという。

またミトコンドリアDNAでもアフリカを出たハプログループのMとNから直接派生した古いグループは南中国にのみ見られるが、このことも東南アジアから北上した古い流れの存在を示唆する。一方、北アジアに見られる代表的なミトコンドリアDNAの全塩基配列を用いた分析では、北アジアに特徴的なグループは、ごく少数の系統が二万年前の最終

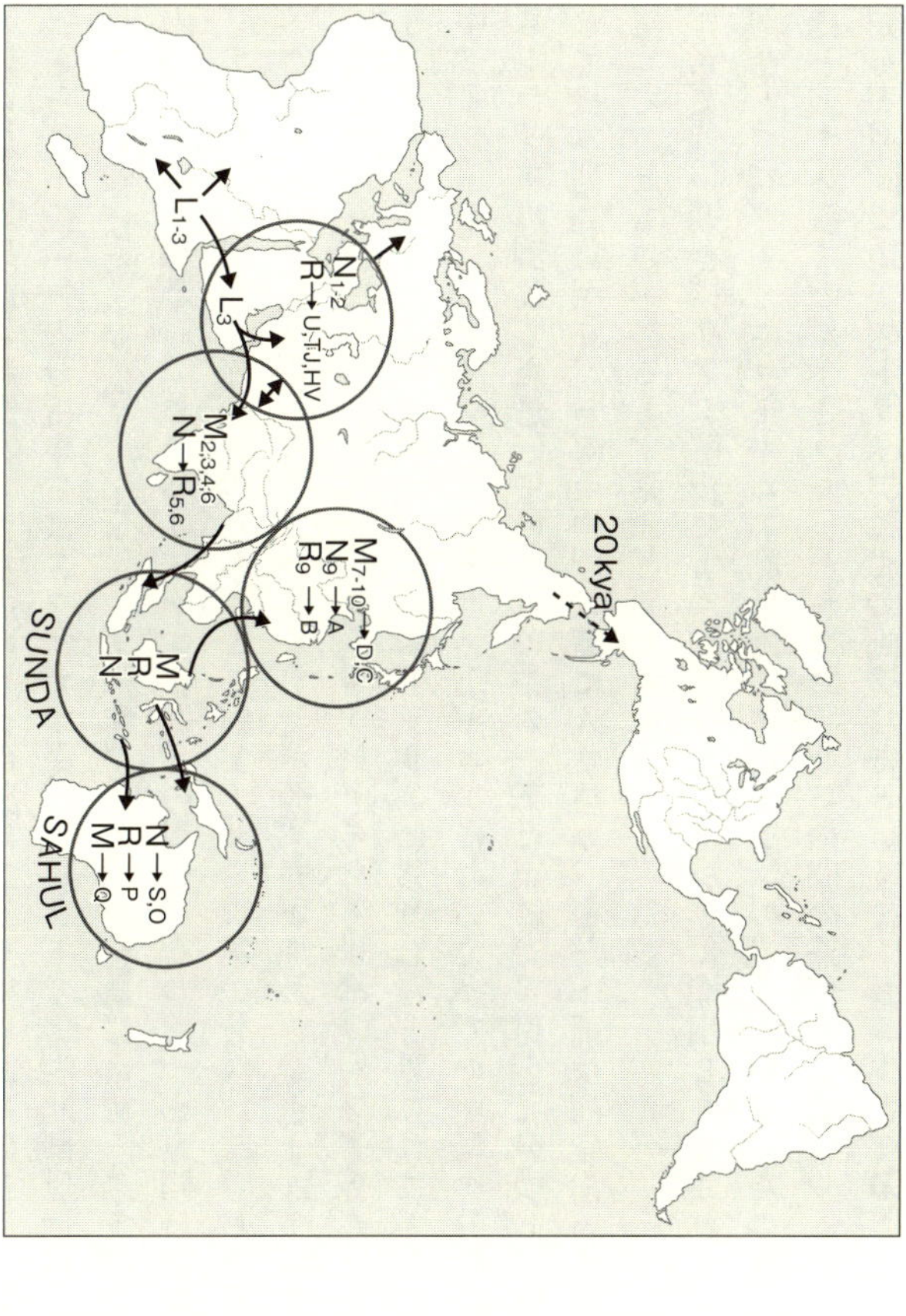

ミトコンドリア DNA の拡散（Witzel, 前掲書）

氷期の最寒期以前に起源をもつものの、大部分は二万年前以降に成立したものである。

さらにY染色体の分析からはアフリカ中央部、ビクトリア湖北部付近に存在していたM168と呼ばれる遺伝子マーカー（突然変異をした塩基の位置を示す）をもつ集団はアフリカ内で西や南に移動し、カラハリ・サン族などの祖先となった。また同じ集団の中には北上しアフリカを出たものもあったが、この出アフリカの第一分岐形式をC系統と呼ぶ。

C祖型集団にはやがてM130という突然変異が加わり、まずユーラシア南部（インド）へ達した後、そこから東へ移動してインドネシア東部、パプア・ニューギニアへと至り、さらにはオセアニア各地やオーストラリアに移動したと見られている。そしてその途中、インドネシア東部やパプア・ニューギニアにおいて多くの亜型へ分化した。またオーストラリアに到達した遺伝子の流れの中の一部は東アジア付近で分岐し、琉球列島を北上して日本列島に至り、一部は中国大陸に入り込み、また一部は海岸沿いにアメリカ大陸に至っていたものがあると主張する研究者もいる。

さて近年進む核ゲノム解析によって、最初にアジアに進出したとされるフィリピンのネグリト、パプア・ニューギニア高地人、アボリジニの人々が分岐したのは三万五〇〇〇年ほど前であることが示された。それ以降、彼らの間の遺伝的交流は少なく、彼らの共通祖先が短期間でオーストラリアにまで到達したというミトコンドリアDNAの分析をおおむ

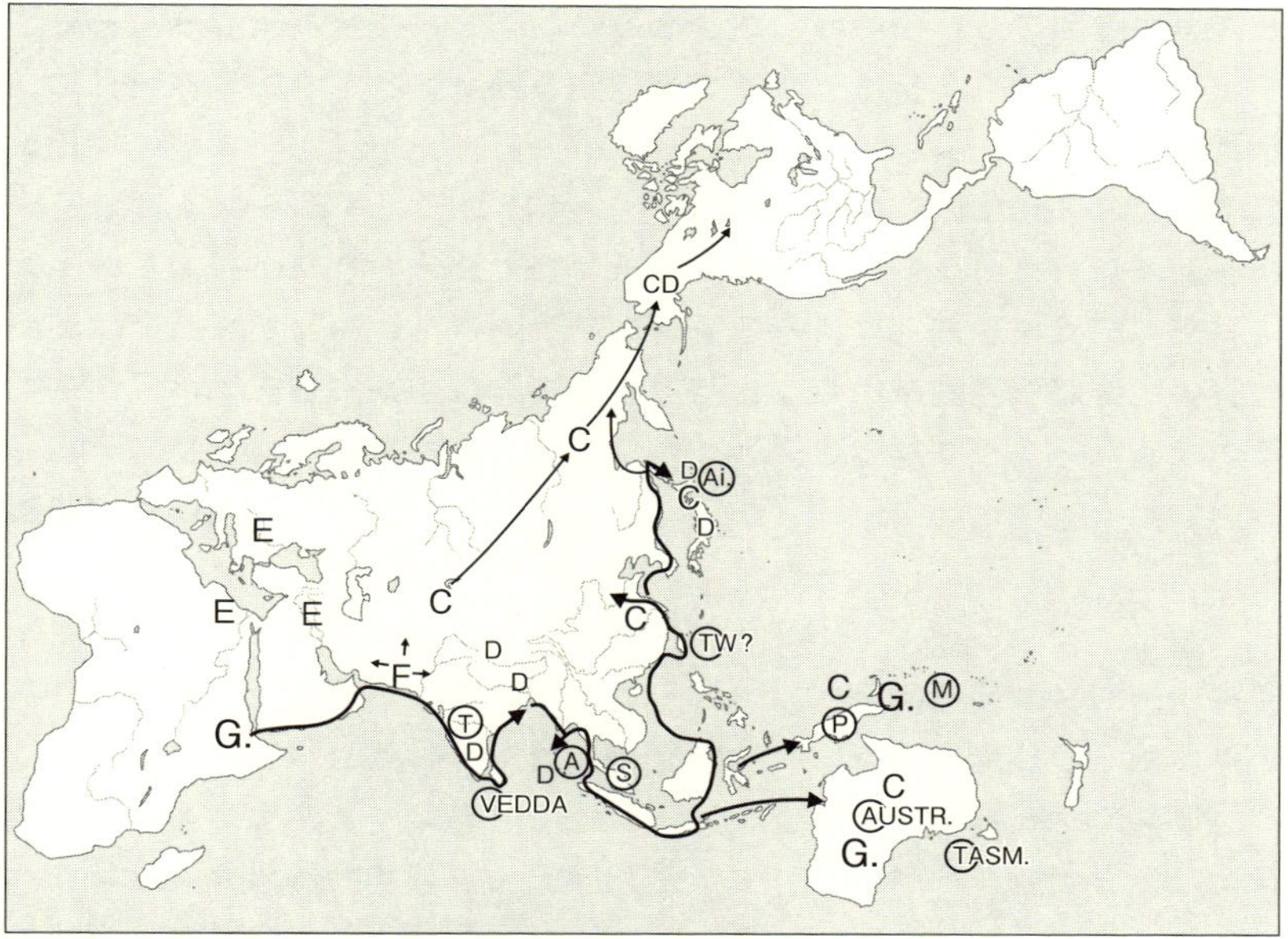

Y染色体の初期拡散とゴンドワナ型神話（図中のG）（Witzel, 前掲書）

ね支持する結果になっている。

なおシベリアで発見され、現世人類よりもネアンデルタール人の方にやや近いとされたデニソワ人のゲノムを分析したところ、メラネシアやアボリジニの間に同じゲノムが見つかった。このゲノムはアフリカ人やユーラシア人では見つかっていない。これは早い時期に移動してきたホモ・サピエンスが東南アジア付近でデニソワ人と交配し、その一部が南下して行ったためではないかと推測されている。

遺伝子から見た日本人

ミトコンドリアDNAでは出アフリカ系統のハプログループMとNの両方が日本人に存在する。これは現生人類の進化過程初期に分岐した集団が複数、日本列島に到来したことを意味している。そしてこうした日本人の中には、東南アジア、東アジア、北東アジアそれぞれに分布をもつものが共存している。つまり東南アジアなど南方からの流れ、東アジア中央部からの流れ、そして北方からの流れの三つが日本人の中には想定されるのである。

日本人に一番多いのはD型の亜型のいくつかである。最大のD4というタイプは朝鮮半島や中国東北部に多く見られるものである。もうひとつの亜型D5は中国内陸部に多く、

D4よりも古く、三万数千年前に日本に到達したと思われる。

さらに日本以外にはほとんど見られない特徴的なタイプもある。M7aとN9bである。M7aは、その共通祖先が大陸南部や東南アジア島嶼《とうしょ》部にあることから、これの祖型もそのあたりで誕生し、旧石器時代に北上して日本列島に至ったと考えられる。一方、N9bは日本人に数は少ないが、シベリアや沿海州によく見られることから、北方的な要素と考えられ、日本にはサハリン経由で旧石器時代に到来したと推測される。

Y染色体では、C1亜型は日本列島には見られるが、それ以外では稀な型である。これは縄文早期に日本列島の南部に達した海洋民のものではないかと遺伝学者の崎谷満氏は推測している。琉球列島では確実に三万五〇〇〇年前の旧石器時代の遺跡が確認されているので、この流れは旧石器時代に遡る可能性があるだろう。本書の主題から興味深いのは、メラネシア人やアボリジニの兄妹たる集団が日本列島にも至っていた可能性である。おそらくスンダランドの集団が一方では琉球列島、もう一方で南方に進出したのであろう。

またもうひとつの亜型C3はユーラシア東部を北上し、シベリアからサハリン経由で北海道へも到来した。さらにC3の別グループはベーリング海峡を越えてアメリカにまで至った。

Y染色体の第二の分岐であるD系統のD2は日本列島で極めて多く、世界的に特殊である。また日本には少ないＤ１は雲南などの少数民族に、Ｄ３は日本列島でも北方に偏る傾向があるが、これは日本へは華北から朝鮮半島を経由して入り、北上したものと思われるので、Ｃ系統とは異なった道を歩んだグループと言える。

なおこのＤ系統にはＹＡＰと呼ばれる特徴的なＤＮＡの断片がある。アイヌ、日本人、沖縄人はともにかなり高い頻度でこれをもっているが、他地域でこの系統のＹ染色体を高い頻度でもっているのは、チベット人とインド洋のアンダマン諸島人だけである。アンダマン諸島はホモ・サピエンスの初期の移住地と考えられるので、この染色体の系統はかなり古い時期に成立したものと思われる。

Ｙ染色体第三の分岐タイプはＫ系統に由来するＮ系統とＯ系統である。Ｏ１は台湾先住民から東南アジア島嶼部で多く、オーストロネシア系集団との相関が想定される。Ｏ２ａはユーラシア東部の南部で多く、雲南省の少数民族などで見られることから、長江《ちょうこう》文明の崩壊後、各地へ散っていった人々の末裔ではないかとの推測されている。

核ゲノム分析によると、縄文人は東アジアだけではなく、アフリカを出てユーラシア、さらには南北アメリカに拡散していった祖先の中でも、きわめて特異な集団である、と遺伝学者の斎藤成也《さいとうなるや》氏は言う。興味深いのは、縄文人はアイヌ民族に近く、また現代の日本人は縄文人と東アジア集団との中間に位置するという結果を示している点である。

斎藤氏はこれらの結果を総合して、四万年前から四〇〇〇年前の間に相当する日本列島への移動の第一期には、ユーラシアのいろいろな地域から何度かにわたって到来があったと推定している。日本人の祖先のゲノムは多様であり、現在の東ユーラシアに住んでいる人とは大きく異なる系統の人々であるのが特筆される。

それが四〇〇〇年前から三〇〇〇年前の第二期（縄文後期から弥生時代におおむね相当）と第三期前半（三〇〇〇年前〜一五〇〇年前）を経て、第三期後半（一五〇〇年前以降）に朝鮮半島から渡来した集団によって圧迫され、東北に住んでいた最初の居住民の多くが北海道に移動してアイヌ民族になったと考えられる。ならばアイヌ民族は旧石器時代に到来した人の遺伝子を一部受け継いでいるといえるだろう。また従来いわれていたように、アイヌ民族に近いのは沖縄人であるという結果がゲノム分析からも得られている。

本書の仮説によれば、現生人類最古の神話、ゴンドワナ型神話は出アフリカ直後に形成され、インドのドラビダ系、アンダマン諸島人、東南アジアのネグリト系、そしてメラネシアやアボリジニという集団に受け継がれている。日本の神話や民話にこれらの神話に相通じるものが見いだせるとすれば、東アジアではない地域から、四万年前までさかのぼりうる流れにそって人々が列島に到来した可能性があることになる。遺伝子分析から見れば、その可能性は十分にある。

人類学と考古学から見た日本人

国立科学博物館の人類学者・海部《かいふ》陽介《ようすけ》氏は著書『日本人はどこから来たのか？』で最新の考古学データによる人類移動の仮説を提唱している。海部氏は、年代の確実な、五万年前から三万年前の遺跡の分布図を作ると、南回りの海沿いルートの方が北回りルートよりも古いとは言えなくなってきたと指摘する。南回りルートとは前述のアラビア半島からインド、スンダランドからサフル大陸へと至るルートである。北回りとはアラビア半島から北上した集団がカスピ海周辺を通ってヒマラヤ山脈の北、シベリアの南端を通って北東アジアへと至るルートである。つまり現生人類はヒマラヤの北を通るルートと南を通るルートの二手に分かれて東進したらしいのだ。そして日本列島こそはこの両者が再会した場所である可能性が高いのだ。

海部氏の主張と合致する遺伝子分析の結果も出始めている。二万四〇〇〇年前の、バイカル湖付近のマリタ遺跡で発見された幼児人骨から示されたミトコンドリアDNAは、ヨーロッパの後期旧石器時代から見られるグループ、一方、Y染色体の系統は現在の西ユーラシアの系統で、しかもアメリカ先住民のルーツになるものであった。さらに核ゲノム分析によれば、基本的には西ユーラシア系統のものであり、東アジアの集団とは共通していない。つまりこの時代にシベリアに進出した集団には、ヨーロッパから北回りで移動した人々もいたのである。さらにシベリアのコステンキ遺跡から出土した三万六〇〇〇年前の人骨のゲノムは、マリタ遺跡の幼児人骨との関係が指摘されることから、より古い北回りルートの可能性を示す。

世界神話学説との関係でいうと、アメリカ大陸には、この北回りで移動してきた初期現生人類の神話、つまりゴンドワナ型神話群の流れが入っている可能性が否定できないことになる。ヴィツェルは、アメリカ大陸に存在するゴンドワナ型神話モチーフは、シベリア付近でまずゴンドワナ型とローラシア型神話群が出会って混合し、その後にアメリカ大陸に渡ったものと推測している。しかし、アメリカ大陸への移住がベーリンジア（氷河期にできたシベリアとアラスカ間の陸橋）を通って幾度か行われたとすれば、最初にゴンドワナ型神話群を持つ集団がアメリカ大陸に渡ったという可能性も否定できないだろう。

日本列島に話を戻すと、確実な旧石器時代の遺跡は三万八〇〇〇年前ころから見つかる。それ以前にも人類が到達した可能性は否定できないが、海部氏によると、遺跡が急に増え始めるこの年代の意義は大きいという。つまり日本列島に人類が定着したのは今から三万八〇〇〇年前と言えるのだ。

氷河期の影響で、このころ、北海道はサハリンと一つになって大陸と繋がっていた。対

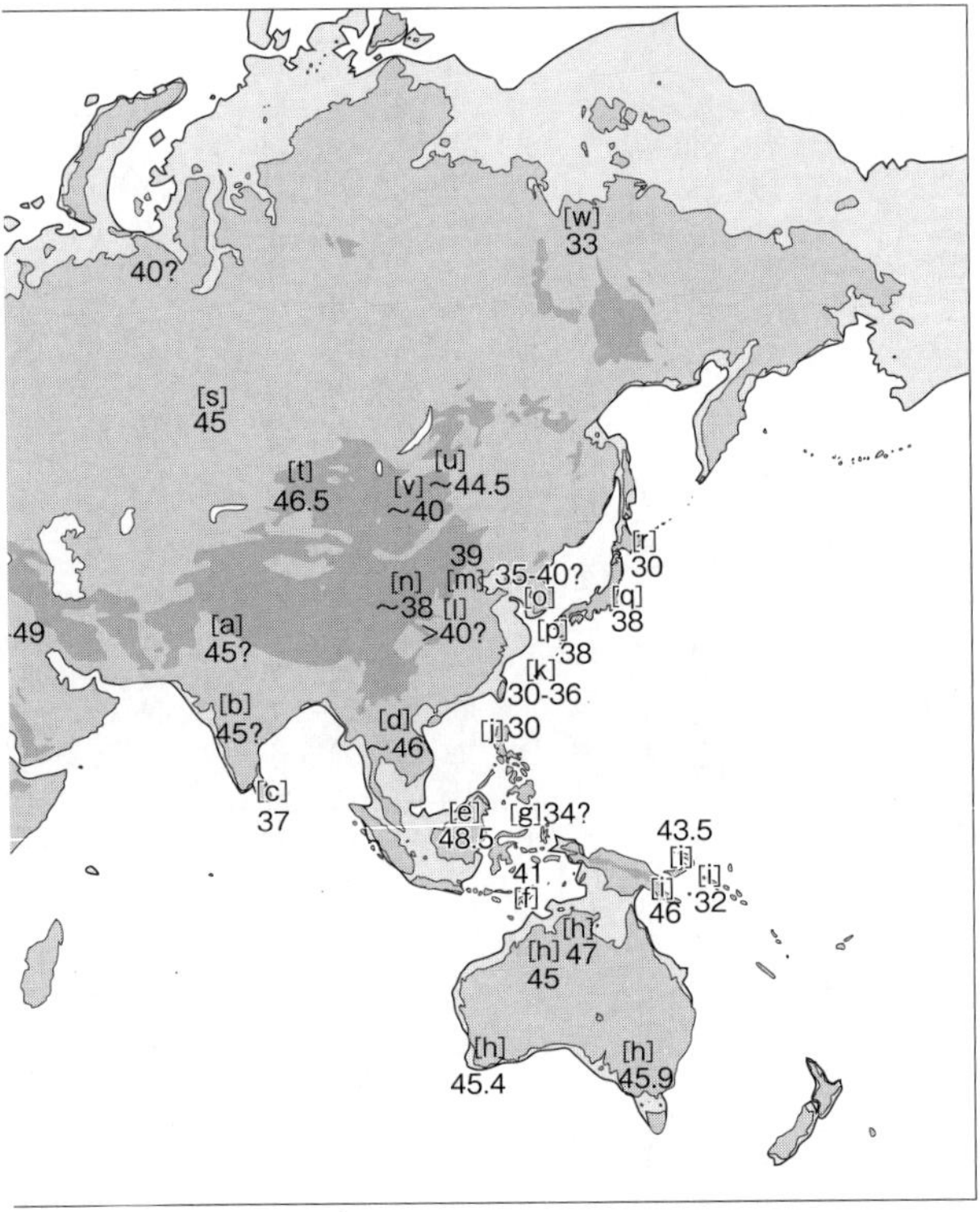

[w]
33
40?
[s]
45
[t]
46.5
[u]
~44.5
[v]
~40
[r]
30
39
[m]
35-40?
[n]
~38
[l]
>40?
[o]
[q]
38
-49
[a]
45?
[p]
38
[k]
30-36
[b]
45?
[d]
~46
[j]
30
[c]
37
[e]
48.5
[g]
34?
43.5
[i]
[i]
41
[f]
[i]
46
32
[h]
47
[h]
45
[h]
45.4
[h]
45.9

海部氏によるホモ・サピエンスの移動年代
（数字の単位は千年。例：「46」は4万6000年前）。当時の海岸線のおおよその位置として、現在の海水面を80メートル下げたラインを示してある。（海部陽介『日本人はどこから来たのか？』文藝春秋、2016年）

・遺跡番号と遺跡名リスト
［a］ リワート55
［b］ メタケリ
［c］ ファヒエンレナ、バタドンバレナ
［d］ タンパリン
［e］ ニア
［f］ ジェリマライ
［g］ リャン・サル
［h］ オーストラリアの遺跡
［i］ ニューギニアとその近傍の遺跡
［j］ カラオ
［k］ 沖縄の遺跡群
［l］ 織機洞
［m］ 田園洞
［n］ 水洞溝
［o］ 韓国の遺跡群
［p］ 石の本遺跡群
［q］ 井出丸山、貫ノ木
［r］ 若葉の森
［s］ ウスチイシム
［t］ カラ・ボム
［u］ カーメンカA、ポズボンカヤ
［v］ トルボール4
［w］ ヤナRHS

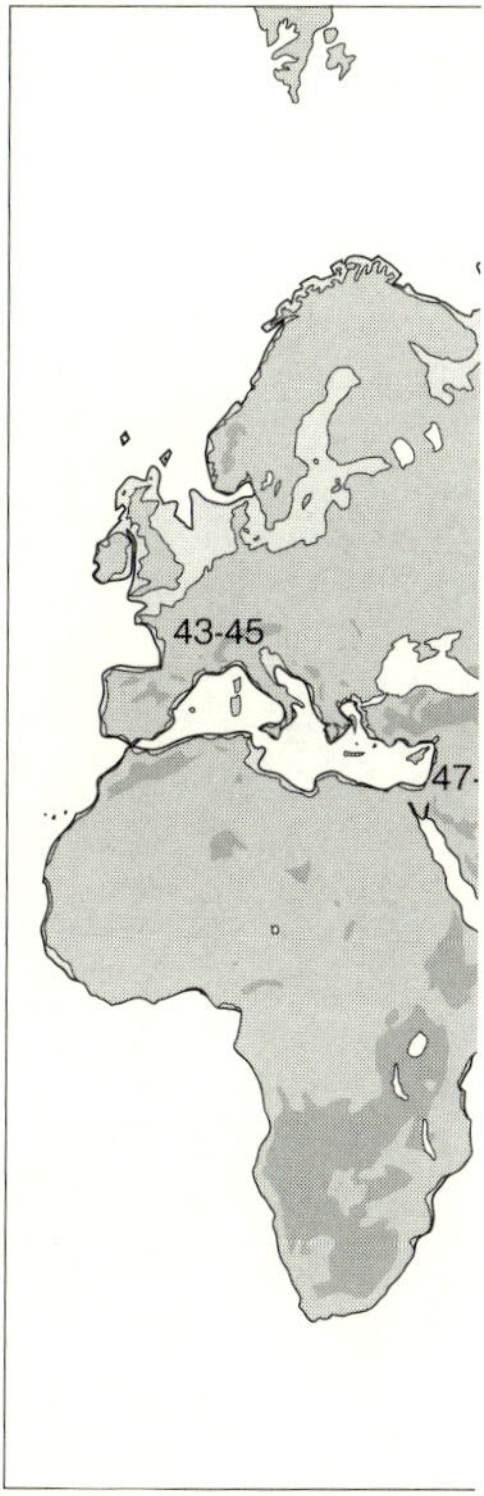

馬海峡はその頃も海峡で、対馬も島だった。そして本州、九州、四国は一つに繋がって古本州島を形成していた。ただし二万年ほど前、海面が一三〇メートル程度下がると、朝鮮半島との間にはほとんど海がなくなった。もっとも、完全に陸になったかどうかは微妙だが。また琉球列島は五万年前からずっと島のままであった。中国大陸は大きく東にせり出し、台湾は大陸の一部になっていたが、琉球列島との間には海が存在した。

日本列島最古の人類遺跡は現在、四四〇ほどが古本州島で発見されている。そこでは台形状石器や局部磨製石器などが数多く発見されている。この時代、大陸から古本州島に至るルートは対馬ルートしか考えられない。つまり彼らは確実に海を渡ってきたのだ。驚くことに同じ時期、伊豆諸島の神津島産の黒曜石が古本州島で石器の素材として使われている。これも彼らが海を越える能力を備えていたことの証拠になる。

それより若干遅れる三万年前から二万五〇〇〇年前ころ、北海道にはまったく別の文化が到来した。細石刃《さいせきじん》と呼ばれる技法を持った人々である。おそらくシベリア方面から渡ってきたと思われる。この時代の人骨は北海道では発見されていないが、最近、北海道の縄文人が本州の集団とは異なり、ロシア極東地域の少数民族、ウリチ、ウデヘ、ニブフなどに近いことがミトコンドリアＤＮＡの分析から分かった。縄文時代になって初めて、どっと新しい集団が到来したとは思えないので、彼らは古北海道島の旧石器人の系譜を引くと

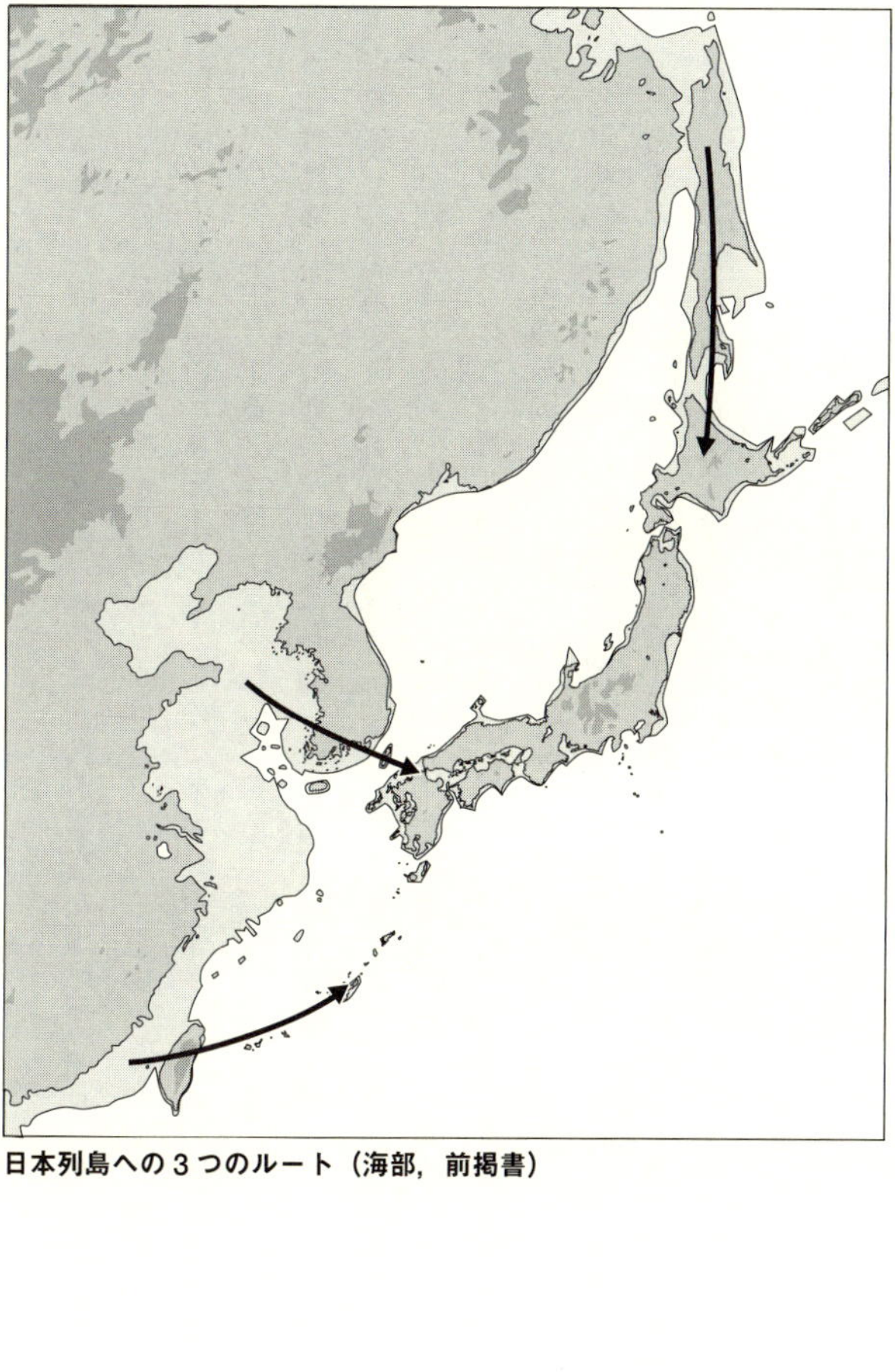

日本列島への３つのルート（海部，前掲書）

考えてよいだろう。

さて最後の沖縄ルートだが、こちらは人骨が豊富な地域である。有名な一万八〇〇〇年前の港川人《みなとがわじん》は、最新の分析からアボリジニなどに最も近いことが分かっている。また石垣《いしがき》島《じま》の白保竿根田原《しらほさおねたばる》遺跡から出土した人骨のミトコンドリアＤＮＡ分析によれば、中国南部や東南アジアに由来するタイプが見られる。

琉球列島の旧石器研究の泣き所は石器がほとんど出ない点である。これには、一般に南方では道具を造るときに植物や貝などを利用する割合が高いことも関係しているのだろう。たとえばナイフや弓矢の先に堅い竹を利用するなどである。事実、サキタリ洞遺跡からはナイフや皮むきなどにしたと思われる貝器が出土している。また白保竿根田原遺跡からは小さな石英《せきえい》製の石器が初の石器として見つかっている。

石器がないという点は、琉球列島に到来した人類が使っていた舟の可能性を考える上で決定的な要因である。なぜならそれはオーストラリアへの移住よりは若干遅れるものの、神津島への渡航とともに人類最古級の渡海の証拠だからである。ゴンドワナ型神話の痕跡を日本神話の中に見いだすことができ、それが後世に物語だけが渡ってきたということでないとすれば、旧石器時代に海を渡ってきた集団が琉球列島や日本列島にいたことも証明しなくてはならなくなる。

今、私は海部氏らとタッグを組んで、現在その実証プロジェクトを推進しているところである。すなわち旧石器時代の舟を想定復元して、実際に大陸部から日本までの航海実験にとりかかっているのである。次の章ではその試みにも触れることにしよう。

第二章　旧石器時代の文化

本章で論ずるテーマは二つある。

まず人類の神話の類縁性あるいは多様性が旧石器時代まで遡れるなら、旧石器時代のホモ・サピエンスは神話を語るための言語や象徴化の能力があったはずである。では、そのような証拠は考古学的遺物などからどのように推測されるのだろうか。

もう一つは、ゴンドワナ型神話がアフリカからインド海岸部や東南アジアのスンダランドを経由してニューギニアやオーストラリアまで至るためには、かならず海を越えなくてはならない。日本列島では神津島や近年発見されている沖縄の旧石器も同様である。では旧石器時代後期のこの時代に想定される舟にはどのような可能性が考えられるか。この二点である。

言語と象徴的な思考

神話が伝えられるにはその前提として、すでに言語が使用されていなければならない。しかし、メソポタミアやエジプト文明あるいは中国文明で最古の文字が生み出されたのは、言語の発生よりもずっと後のことである。旧石器時代から初期新石器時代にかけては文字無しの時代であり、神話は口頭で、つまり口伝で伝えられてきたはずである。中には運悪く神話を語れる人物が死んでしまい、永遠に失われてしまった神話もあったに違いない。事実、今日、少数民族の神話で危機に瀕しているものは少なくない。

では言語はいつ頃からあったのだろうか。以前、類人猿に言葉を話させる実験が行われたことがあったが、それはことごとく失敗に終わった。しかし類人猿が言葉を話せない原因は能力の有無にではなく、彼らの姿勢と口蓋の構造の方にあった。つまり人類のような発音ができなかったのである。人類は直立歩行を確立する過程でしだいに口蓋が広がって舌が自由に動かせるようになった結果、今のような発音をすることが可能となり、高度な音声言語が使えるようになったのだ。

アメリカ・ジョージア州立大学で行われたボノボのカンジ君、あるいは京都大学で行われたチンパンジーのアイちゃんの実験では、抽象的な記号を組み合わせて言語的な構造を理解できるかどうかが試された。その結果、人類進化の初期段階である猿人と同じ大きさの脳を持つ類人猿で、すでに言語能力が備わっていることが証明された。

これは言語能力というより、抽象的シンボルを並べたり、論理的な思考がある程度できることの証明と考えた方がいいだろう。しかし彼らは人類のような発音ができないので話すことはできない。つまり人類は脳ではなく体の方の進化によって言語を獲得したのである。

本書は新人、ホモ・サピエンスの神話を追いかけて行くが、では旧人、あるいはその祖先である原人、さらに猿人は、どの程度の知的な能力や象徴性を持っていただろうか。そのことを探るには、人類が残した直接的な痕跡を探す必要がある。しかし言葉そのものは残らないので、やはり遺物として残ったものから推測するほかはない。

そのもっとも一般的な証拠は石器である。石器からは神話や言語能力を直接推測することはできないが、石器の進化の中に抽象的な思考の発達を見ることは不可能ではない。人間の脳が持っているさまざまな機能は連動しているといわれている。認知考古学者のS・ミズンは、類人猿に見られる一般的知能から、人類進化後、博物学的、社会的、言語的および技術的知能が分離し、やがてそれらを連結する「メタモジュール」が誕生したのが現生人類の時代だとする。

猿人、原人、旧人の石器製作技術の進化

アフリカのチンパンジーが堅い実を平たい石の上にのせ、片手に持った別の石で叩き割る行動は人類の道具の起源を思わせる。より高度な知能を持つといわれるボノボは、石器製作実験において実際に石を別の石で叩いて剝片《はくへん》を作り出すことが知られている。ボノボのカンジ君は石器を作り出す実験でもその能力を発揮した。しかしこの技法は石と石を直角にぶつけて割る技法、スプリット・ブレーキングと言われるもっとも原始的な技法に属

する。猿人（アウストラロピテクス属）の段階の石器技術はおおむねこの域を出ない。

人類の造る石器に規則性が現れるのが、原人段階に相当するアシュール文化期である。この時期には葉っぱのような形をしたハンドアックス型の石器が登場する。日本語では握《あく》斧《ふ》と言われ、手でもって木の実を叩き割ったり、土掘りをするときなどに用いられた道具である。このハンドアックスは左右が対称に、そしてさらに進化した形では表裏も対称に造られる。つまり人類は左右のうち片方のエッジを最初に造るときから、反転させた反対側のエッジのカーブの方もあらかじめ頭に描いて石を打ち欠いていたことになる。頭の中に初めから何らかの完成品のイメージを持った上で石器を製作していたのである。

やってみると分かるが、石器を造るにはとても複雑な技術がいる。ハンドアックス製作の段階では左右の手を連動させる必要がある。まず保持する方の手は石の角度を調整し、石核を回転あるいは反転させる役割を持つ。一方、それと調和して打撃する手の方は打撃の角度、深度、強さを制御しなければならない。このような石器は礫《れき》石器（コア・ツール）と呼ばれるが、一個の石塊から一個の石器しか造ることができない。しかし続く旧人段階の、ネアンデルタール人に相当する中期旧石器のムスティエ文化期段階で大きな技術革新があった。この時代の技術をもっとも特徴づけるルヴァロア技法に一つの画期が見いだされる。

この時代になると、一個の石塊から薄い剝片（フレーク）を打ち欠いて、その剝片を利用するようになる。この場合、目指す剝片を得るためには、最初の一撃を慎重に行わなくてはならない。最初にできる剝片は必要な長さや幅がなければ用をなさないからだ。このスキルを得れば一個の石塊から作ることのできる道具の数が飛躍的に増える。つまり石材を効率的に利用できるようになる。その最初といわれるルヴァロア技法では、五ないし六種類の異なった作業の連結が必要とされた。それは異なった機能を持つ単語を並べて文章を作るような能力にも比定される。

このような石器製作技術の精華が新人段階、後期旧石器時代の石刃《せきじん》（ブレード）技法である。石刃技法とは理髪店のカミソリのような細長い鋭い刃をもった定型的な剝片を一個の石塊から多数造り出す技術である。石刃は定型化されているので、刃がかけても代替が可能となる。もう少し後の時代になり、小型の石刃（マイクロブレード）が出てくると、一個の柄に連続的に小型石刃を並べて鏃《やじり》にしたり、後には植物の実を刈るための鎌刃としても利用されるようになる。刃が欠けてもすぐ代替が可能なため、しだいにパーツ的な考え方が生まれたのだ。

初期ホモ属の埋葬

このように対称性や予測という点では原人から旧人へと確実に知的能力とイメージ化能力は進化した。そしてこれに呼応して、宗教の萌芽はおそらくは原人、確実な所では旧人に見出すことができる。

フランスのトータベルの洞穴では四五万年前の人骨や動物の骨が発見されている。しかし奇妙なことに人骨には肋骨や背骨がほぼ欠如していた。つまり頭蓋骨および四肢骨がほとんどであった。これは何らかの意図的な選択によるものであると思われる。というのは一緒に発見された動物の骨はほとんど全身の骨が見つかっているからだ。つまり人骨と動物の骨は異なった原理のもと、何らかの意図をもって残されていることがわかったのだ。

次にフランスのニースやブルターニュ地方、あるいはハンガリーなどで四〇万年ほど前の炉の跡が洞穴の中から発見されている。火を使っている証拠は北京原人の段階からあるが、人類は料理や暖を取るために火を使い始めただけでなく、暗い洞穴の中で暮らすことを覚えたのだ。炉を囲んで何らかの社会的交流や「語り」が行われたであろう。

三〇万年ほど前になると、ハイデルベルク人の墓が発見されている。ハイデルベルク人は原人と旧人をつなぐ化石人類と見られている。スペインのシマ・デ・ロス・ウエソスにある一五メートルほどの深さの穴からは、三二個体分の人骨がほぼ破損していない状態で発見された。人骨に暴力を受けた証拠がなく、また動物骨もほとんど共存しないことから、何らかの墓であると考えられる。ここには三〇キロメートルほど離れた場所から取ってきたと思われる美しいピンク色の石で造った握斧があり、何らかの供物であったと考えられている。

さて次のネアンデルタール人の段階になると、意図的な埋葬の証拠が増えてくる。イラクのシャニダール洞穴で発見された人骨の周辺から花の花粉が発見されたことにより、この人骨は洞穴の奥に安置されて花が手向けられたのではないかということで有名になった。洞穴のこれほど奥まで花粉が飛ぶことはないから、この推測は確実だと言われた。しかし後に発掘隊のメンバーの二人が飾りのために体に花を付けていたことが分かり、この推測を疑問視する向きもある。

フランスのシャペル・オ・サントでは、四角い穴の中に歯を失った五〇代の男性が埋葬されていた。頭には枕のように石が添えられていた。またイスラエルのカフツェ洞穴では、九万五〇〇〇年前の墓が発見されている。そこには九歳の子供が腕に鹿の角を握った状態で埋葬されていた。毎年生え替わる鹿の角は豊穣性と永遠の若さの象徴と考えられるので、若くして死んだ子供の再生を祈ったのであろう。これらの遺跡では遺体の周りに染料と思われるものの痕跡があるので、死に際して何らかの特別な彩色を施した可能性がある。

このように旧人の段階では遺体を廃棄するのではなく意図的に葬り、供犠《くぎ》も行っていた形跡が見られる。死後の世界や再生への祈り、そしてその背景に、霊魂のような概念の誕生が窺《うかが》われるのだ。しかしその風習はまだ単発的であり、文化としての広がりが証明されるには至っていない。それが見られるのは新人、ホモ・サピエンスの登場を待ってからである。

新人の登場

新人は旧人と時代的に重なって存在していた。解剖学的な意味における新人はアフリカで一六万年前に出現したと言われる。ミトコンドリアＤＮＡでは、突然変異の起こるスピードから、新人の出現は理論的に二〇万年前とされているので、だいたい一致した結果といえる。

ネアンデルタール人とホモ・サピエンスの間にはＤＮＡの面でほとんど繋がりはないと言われてきた。しかし最近のゲノム分析では、ネアンデルタール人とホモ・サピエンスの間に若干の遺伝子の交換があったことがわかってきた。またネアンデルタール人の文化であったムスティエ文化が発展したシャテルペロン文化には、ホモ・サピエンスの文化とされるオーリニャック文化の影響を受けている可能性がある。この例に見られるように、Ｄ

NAに共通性がなくても、文化的な影響を受けることがあるのは、人類には学習という能力があるからである。

新人の段階になると、知能や象徴能力が格段に高まったと思われる証拠が増大してくる。

もっとも注目されるのは、南アフリカのブロンボス洞穴で発見された証拠である。この遺跡は三つの層序からなるが、上層は七万五〇〇〇年前、中層は八万年ほど前、下層は一二万五〇〇〇年前に遡る可能性がある。上層からは複雑な刻印の入った黄土塊と、穴の開いた淡水棲の貝殻が発見されている。後者はビーズのようなものと考えられる。ビーズは中層からも少数だが出土している。黄土塊に彫られた模様は斜めの線からなる格子状の模様で、規則的な刻み目が連続菱形文のような形状を呈している。またビーズ用の巻き貝は二〇キロメートルほど離れた川から採集してきたもののようだが、大きさのそろい具合から、意図的に成貝を持ってきて加工したように思われる。アフリカの外ではトルコ、フランス、スペインといった地中海の周辺で、海棲の巻き貝に穴を開けたビーズが四万五〇〇〇年ほど前の地層から出現するようになる。

またオーストラリアでは四万年前から六万年前の時期に火葬と土葬の両方が見られるが、埋葬址にはオーカー（黄土）で彩色が施されていた。埋葬風習はネアンデルタール人段階に遡る可能性もあるが、オーストラリアへの移動の初期段階に持ち込まれていた可能性の方が高いだろう。すなわちそれを持ち込んだのは、アフリカからのホモ・サピエンスの初期移住者である。

後期旧石器時代の「認知革命」

このようにアフリカで新たに誕生したホモ・サピエンスには認知構造、論理的思考、イメージ化能力、記憶および季節サイクルなどの予測能力など、文化面での急速な進化が見られた。考古学者のP・メヤーズはその特徴を列挙しているが、筆者の補足を加えて紹介しよう。

(一) 石器製作の変化、とくに剝片石器から、より定型的な石刃製作への移行。一つの石塊から作り出す石器の刃の長さの総計が指数関数的に増加し、効率の良い石材利用ができるようになった。また規格化した石器は作業の規範化、また破損した場合の交換可能性という具合に、作業の効率を増大させた。

(二) 石器の種類の増大、たとえば鑿《のみ》、錐《きり》など現在の大工道具の原型はこの時代に出現したと言われる。作業の各工程に適した道具を選び、使い分けることによって、作業の効率やスピード、そして正確さが増大した。

（三）骨角器の出現。骨角器の出現は、銛や釣針など石器では作るのがむずかしい形態を実現させただけでなく、石器に比べてより細かい彫刻ができるので、立体芸術の発達にもつながっていった。またそのことが、人類のイメージ形成力を増大させた。

（四）変化の速度の増大や地域差の増大。技術進化が加速度的に増大することはよく知られている。さまざまな分野の技術革新が統合されるからである。また地域差が増大することは、「自分」と「他人」という意識の明確化を意味している。本来の意味における「文化」が出現したと言えるだろう。

（五）ビーズ、ペンダントなど個人的装飾品の出現。これは自意識の出現と関係しているだろう。自意識は萌芽的な哲学的思考につながるので、それが思考の原型となって神話が生まれたのではないかと考えられる。

（六）経済および社会構成両面における重大な変化。人類の行動が本質的に社会的行動になっていく。本書のテーマとの関連で言えば、一人で語っていても神話は伝達されないのだから、社会的脈絡の中で神話や伝承が語られていくという状況が生じたことを意味するだろう。

（七）表現主義的あるいは自然主義的な芸術の誕生。それは骨角器の彫刻や洞窟芸術において見られる。このような表現は頭の中にある象徴の外化、そしてモノによる象徴的表現による概念や記憶の保存、という連関的意味を持つ。

絵画芸術の誕生

認知あるいは象徴能力のビッグバンの証拠の一つとされるのが、洞窟壁画などの絵画芸術の誕生である。洞窟の中に、何らかの染料によって絵を描くロックアート、あるいは岩肌に刻みつける形で絵を描くペトログリフなどの技法である。

絵画芸術は西ヨーロッパに集中しているが、それが現れるのは、三万年前のオーリニャック期以降である。フランスのグロット・ショーヴェ、ラ・フェラシー、セリエ岩陰遺跡などがその証拠である。ライオン、サイ、熊、馬のような動物が重ね描きの手法で描かれている。二万五〇〇〇年前のグラヴェット期になると、動物以外に臀部《でんぶ》を強調した女性の像、さらに女性の性器のような記号が描かれるようになる。さらに一万七〇〇〇年前といわれる有名なラスコーの壁画では、バイソン、馬、マンモスあるいはアイベックス（野生の山羊）などの動物が、染料で描かれたり、線刻をされたりして重ね描きされている。アルタミラ洞窟の壁画もほぼ同じ頃である。

洞窟壁画研究の先駆者、フランスのアンドレ・ルロワ＝グーランは、このような壁画は一つ一つのモチーフが意味を持つだけに留まらず、その配置がいわば文法をなしており、総体として神話文字（ミトグラフ）というべき表現方法になっているとする。たとえば性器の表現などから動物には男女原理が見いだされ、その空間配置の規則性からは、洞窟の入り口付近では「生の原理」、奥では「死の原理」などの違いが見いだされると仮定したのである。

ここで見いだされた空間的な文法は、全体で一つの物語、あるいは世界観を構成すると考えられた。一つ一つの図像は神話素だが、神話素は常に同じ原理を意味するというのではなく、あくまで全体の中で、別の神話素と対立しているからこそ意味を持つとも主張している。これは同年代の偉大なる人類学者でかつて交友のあったクロード・レヴィ＝ストロースの構造主義の原理そのものである。

しかしその後の調査で洞窟を中央とか奥などと簡単に分けられるほど、その構造は単純ではないことがわかった。逆にルロア＝グーランが、動物の種類によって空間を規定してしまった可能性も指摘されている。また彼は、洞窟壁画は三万年前のオーリニャック期からグラヴェット期にかけては抽象的な矢印や円のような記号から始まり、マドレーヌ期以降に具象化していくという進化過程を考えたが、一九九四年のフランスのショーヴェ洞窟の発見によってこの説は覆されることとなった。

ショーヴェ洞窟は洞窟壁画の年代を一気に三万年以上前まで押し上げたことで有名であ

る。この洞窟には炭をつけて押し付けた、あるいは口に含んで吹き付けるような技法で描かれた人間の手跡が見られる。しかしそれ以外に三〇〇点ほどの動物画が描かれている。中には動画のように少しずつずらして描かれたため、今にも動き出しそうに表現された馬やハイエナあるいはヒョウの頭、さらにヨーロッパでは絶滅した動物ないし氷河時代の絵画では珍しい野生の牛、サイ、フクロウなども描かれている。

この洞窟は三万二〇〇〇年前（異論あり）まで遡るので、一部の研究者はネアンデルタール人の作品ではないかと主張している。しかしヨーロッパに数十万年いた旧人が突然、具象的な絵画を描き出したのかと疑問視する研究者の方が多い。やはりホモ・サピエンスの知的能力の開花の一端と見るべきであろう。

ルロワ＝グーランの洞窟壁画分析には新しい資料から支持できない考察も含まれているが、この時代の人類が言語はもとより、さまざまな意味要素を構造化して、何らかの物語を紡いでいたことは確実である。

動物の王あるいはシャーマンと原母

壁画研究者のD・ルイス＝ウィリアムズはアボリジニやカラハリ・サン、あるいは北米の民族事例や壁画を比較した上で、旧石器時代の洞窟壁画は暗い場所で一種の幻覚を見な

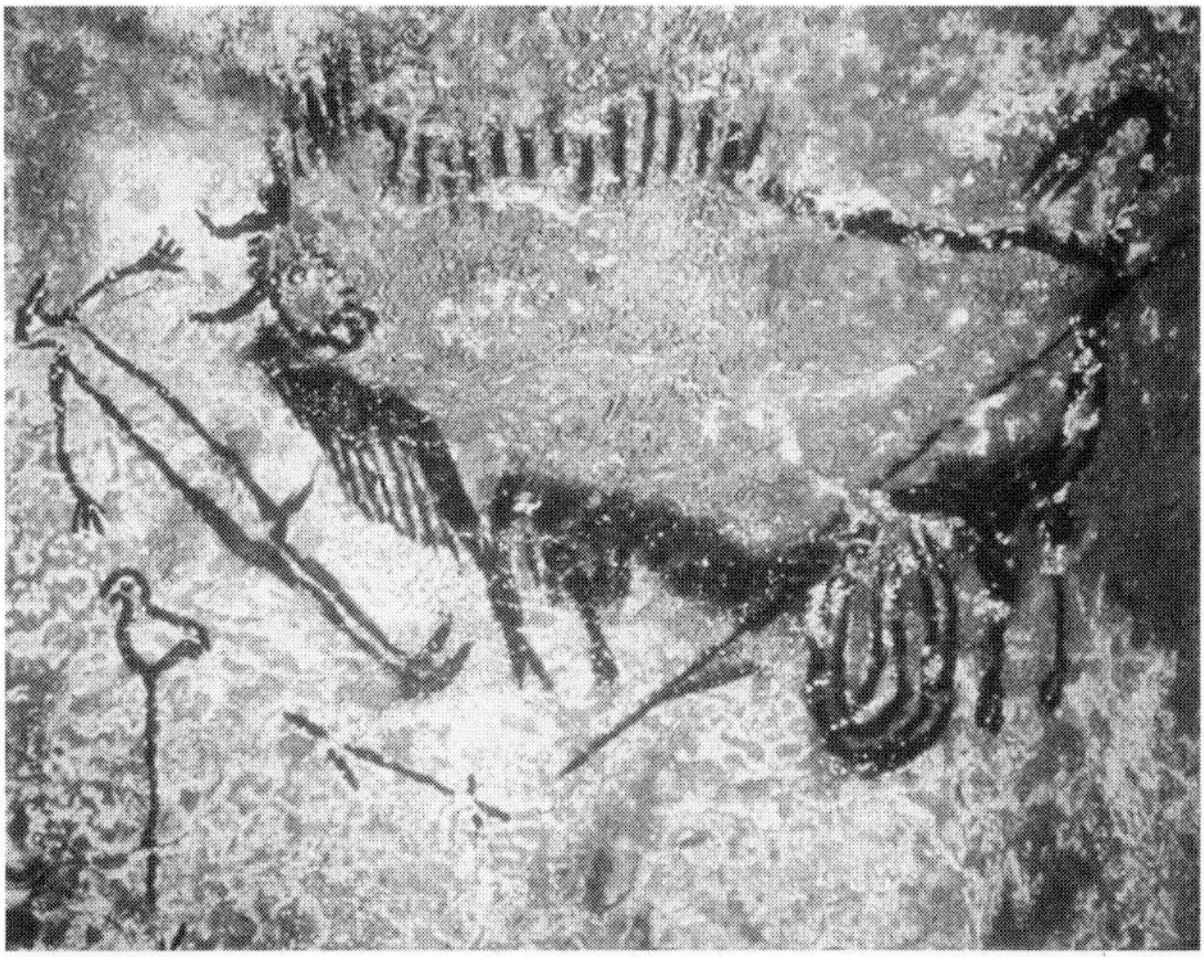

ラスコー洞窟のバイソンの脇（左側）に描かれたシャーマンと鳥形の儀礼棒（Colin Renfrew and Iain Morley〈eds.〉〈2009〉*Becoming Human*. Cambridge University Press.）

がら行う、シャーマン的儀礼の証拠であると考える。このような儀礼は神話的思考と密接に関わると考えていいだろう。

洞窟壁画に天文学的な意味を見出そうとしているM・ラッペングリュックは、ラスコー壁画の中でバイソンの近くに描かれている、棒の先に鳥のついた道具と、その隣の「バードマン（鳥人間）」のような図像に注目している。先端に鳥がついた棒はシベリアの狩猟民族のシャーマンが使う儀礼用の道具に酷似している。鳥は天空に到達できる動物なのでシャーマンは、この棒で天の中心を指すのである。そしてその棒と約四五度の角度で傾いているバードマンは鳥の仮面を被り毛皮などを着て踊るシャーマンの姿であろうと推測する。では、鳥の棒とシャーマンが四五度傾いているのはなぜなのだろうか？

ラスコーの壁画が描かれた一万七〇〇〇年前、星の回転の中心となる北極星はこの緯度では仰角四五度に見えていた。北半球ではこの地点の緯度と北極星の仰角が一致するからだ。ただしこの時代、地球軸の歳差《さいさ》運動によって北極星は白鳥座δ《デルタ》星付近にあった（現在の北極星はこぐま座に属する）。そして鳥をつけた棒は当時の北極星、つまり宇宙の中心を示し、一方それと四五度傾いたバードマンは天頂を向き、儀礼の結果エクスタシーに達して飛翔しようとしているシャーマンを表すと推測される。

マンモスの牙に彫られた「ライオン人間」（Renfrew and Iain Morley〈eds.〉前掲書）

当時シャーマンが存在したことは、壁画以外の具象的な遺物からも推測されている。写実的な動物を表した芸術のもっとも古い事例は、ドイツのバーデン・ヴュルテンベルクから出土した三万二〇〇〇年前のオーリ

トロワ・フレール洞窟の「大呪術師」
(キャンベル，1996年)

ニャック期の彫像である。これはマンモスの牙に彫られた、頭がライオン、胴体が人間のような不思議な格好をしたもので、動物や人間の具象的な表現のもっとも早い証拠である。動物の面をかぶって儀礼を行うシャーマンか、人間と動物の間には化身のような関係があるという神話的な思考を表したものと考えられている。摩耗が激しいが、類似の彫像はドイツのホーレ・フェルス洞窟からも出土している。

さらにフランスのトロワ・フレール洞窟は紀元前二万七〇〇〇年から一万三五〇〇年ころのものと推定されているが、トナカイや馬、バイソンなどの絵の他に、人と動物の混成像が描かれている。その中に、トナカイのような角や耳を持った姿に梟の顔、猫科動物の脚や性器の形、そして狼の尾と人の足を持つ「大呪術師」ないしは「魔術師」と呼ばれる有名な図がある。ライオン像彫刻や「呪術師」の絵は、シャーマンが儀礼のときに動物の頭を仮面のようにかぶり、動物の霊を憑依《ひょうい》させて儀礼をする民族事例を思い起こさせる。

このような人獣の合成した像はフランスのガビュー洞窟でも見られる。そこではバイソンの頭と、二つの陰門記号をともなった一本の線で結ばれた男性的な像もあるが、いずれも洞窟の最奥部に描かれている。洞窟の奥という女性的な空間に、男性シンボルをともなった像が描かれていることに、豊穣や再生への祈りを読み取る意見もある。

またヨーロッパからカスピ海北部にかけて、女性を模したと思われるヴィーナス像が頻出する。それらは二万八〇〇〇年前から二万一〇〇〇年前の間に製作されたものであり、洞窟壁画の中心地フランスとスペイン国境のフランコ・カンタベリア地方、さらにはオーストリアから東欧、ウクライナにまで広がるグラヴェット文化にともなうものである。この時期はまだマンモスなどを捕る狩猟採集の段階で、季節によってキャンプを移動させることを常としていたようだが、その中にも母村的な遺跡が存在し、石や骨の彫刻だけでなく、将来の土器につながる技術である粘土を使ったヴィーナス像の製作が始まった。これはより定住的な生活の先駆けとなる特徴である。

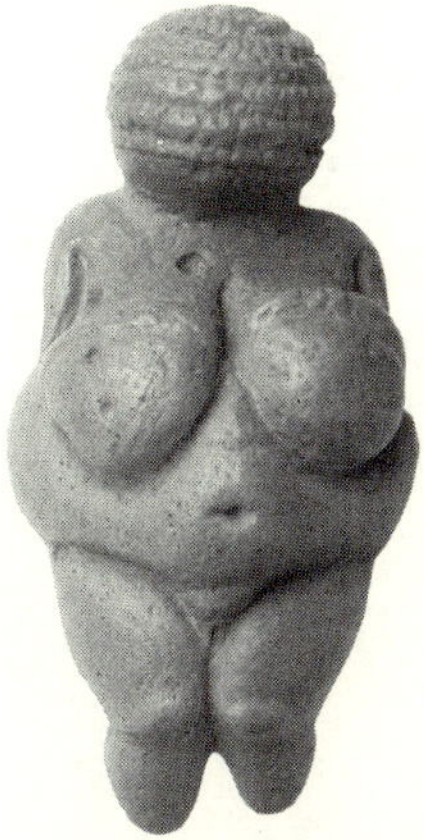
オーストリア出土のヴィーナス像（Renfrew and Iain Morley〈eds.〉前掲書）

とくにフランスのレスピューグのヴィーナスと呼ばれる有名なマンモスの牙製の像と、モラヴィア地方で出た焼いた粘土製の像は全体のフォルムがよく似ており、素材を超えて観念が共有されていたことが推測される。この原母像はいずれもグラマーな女性で、胸や腰が強調された形になっている。時代は下るが、日本の縄文土偶もその流れの延長上にあるだろう。

科学や天文学の萌芽

骨や角に彫られた動産美術、すなわち持ち運びできる彫刻やお守りに、数学ないし天文学的思考が見いだせるとする研究者もいる。人類はネアンデルタール人の時代から狩猟は行っていたが、現生人類の出現した後期旧石器時代には狩猟は計画的に行われるようになった。馬、牛、鹿などが獲物であった。また鮭を彫刻した遺物も発見されている。これらの動物の生殖期や鮭の遡上期には規則性があるところから、人類は季節的なサイクルを理解して狩猟ないし漁撈《ぎょろう》を行っていたことが窺われる。

またドイツで発見されたマンモスの牙に彫刻を施した遺物は約三万一〇〇〇年前のものと推定されている。一つの面には足の長い人物が彫られ、裏側には何らかの規則性をもった点の列が刻印されている。これを綿密に分析したM・ラッペングリュックは人物の両肩と足の先が三万三〇〇〇年ほど前の春分時のオリオン座に相当すると推測している。鼓形《つづみ》をしたオリオン座を形成する四つ星である。そしてギリシャ神話のオリオン座のように腰のあたりに三つ星が位置する。

また裏に彫られた点はオリオン座の主星、ベテルギウスが春分の約一四日前に、夕方西の空に沈み（旦入《たんにゅう》）、夏至の約一九日前の明け方に東天に出現する（旦出）までのいくつかの天文事象に相当するという。そしてその合計の八六日を一年三六五日から引くと、二八〇日という女性の妊娠期間に相当する。すなわちこの遺物は女性の出産の日を推定するのに使われ、その基準に星座が用いられたことを示唆するという。

またラスコーの動物壁画の側に描かれている黒い丸い点の中に、牡牛座のプレアデスやヒアデスのようなパターンが見いだされている。とくにプレアデスの形は北米のナバホやシベリアのチュクチ族が儀礼的に描いた模様にそっくりである。また別の点の数からこれらの星座の出現や没入を予測したと推測されている。すなわちこれらの星座は壁画に描かれている動物の発情期や出産期のサイクルを知る指標だったというのである。

旧人と新人の能力差の一側面

一説では六万年前、確実なところでは四万五〇〇〇年前に遡るといわれるオーストラリア大陸への人類の移住は、人類最初の渡海あるいは航海の証拠である。更新世の氷河期で海面が低下した時にも、東南アジア島嶼部にできた大陸スンダランドからニューギニア島とオーストラリア大陸で形成されたサフル大陸へは、現在のウォーレス線を越えなくてはならなかった。仮に現生人類が、一部の研究者が主張するようにアフリカからアラビア半島やインドの海岸を通ってスンダランドに移住したとしても、サフル大陸に渡るほどの海域を越える必要はない。ただしこの移動の間に、舟を作りまた操る技術が次第に進化してきた可能性はある。

ここで考えたいのは、オーストラリアへの渡海はおそらく意図的で、何らかの舟を使ったはずなのだが、それを可能にしたのは認知・学習能力の進化があったからではないかということである。

F・クリッジとT・ワインは、ルヴァロア型石器を造るためには他人を模倣する能力、それらを記憶する能力が必要だっただろうと考える。教示や学習行動の存在も推測される。しかし旧人段階まではこのような技術革新を起こす能力はなく、ずっと未来や遠くの世界を想像する能力にも欠けていたのではないかと考えられている。

一方、現生人類の段階で成し遂げられた、サフル大陸への水平線を越えた移住は、神経生理学でいうEWM（enhanced working memory、強化された作業記憶）の最も早い証拠である。象徴的言語の創発と一般的な現代人的な行動パターンが開始されたのである。具体的には、ひとつのことをしながら別のことを意図する能力、あるいは鳥や煙を見て別の何かを察知する能力、見えない方角に島の存在を推測するような能力などである。私自身の言葉で補足すると、旧人はそれぞれの生態系に特化したスペシャリスト、現生人類は移動し多様な環境に適応したジェネラリストといえるのではないだろうか。

さて現生人類が海を越えるのに必要とした舟の製作には、(一)原材料の形態によって決定されることのない形態に人工物を作り上げる、(二)そのために異なった原材料(例、繊維と竹)を結合する必要がある。これは素材を削ったり彫ったりするだけの減算的過程(=石器製作)ではなく、もともと別々であった部分や素材を足していく加算的過程である。さらに推進には何らかのパドル(櫂《かい》)を使用したであろうし(異なる道具の併用)、また木材の処理のために焼き入れをしたことも考えられる。これらの材質は適切な採集の時期を選ばないと使い物にならず、さらには採集や製作の季節と航海に適した季節との間に立って時間的なスケジュールを立てなくてはならない。すなわち年単位の記憶と計画性が必要となる。これに対し、ネアンデルタール人は時間的ないし空間的に離れて機能する罠《わな》のような道具や、鏃のような取り替え可能な部分をもつ道具は用いなかったと思われる。

旧石器人の乗った舟

旧石器時代の後期、ホモ・サピエンスがインド半島から東南アジアへ海岸ぞいに移動し、さらにその先のスンダランドからサフル大陸へ、そしてスンダランドあるいは台湾付近から琉球列島へと海上移動したさいに使った舟はどのようなものだっただろうか？　この問題が解決されないと、次のテーマ「ゴンドワナ型神話」の話が成り立たない。

　しかし実はこれが難題である。というのも鉄船が登場する以前、長い間、舟は有機質、つまり木や草あるいは動物の皮などで作られた。これらの材質は廃棄されると消滅してしまうことがほとんどで、まれに泥炭層中に、あるいは沈船が非酸素状態のために残存して発見され、話題になることがある程度に過ぎないからだ。それらのほとんどは板張りの構造船か縄文時代のような丸木舟である。

　土器を持つ縄文時代は世界史的には新石器時代に属する。立派な石斧が使われていたので、太い丸木を彫れただろうと推測できる。しかしそのような石器のない時代、あるいは石斧が発見されない地域では、太い幹を刳《く》りぬくにはかなりの労力が必要だったと推測される。

多様な舟

　旧石器時代の舟の直接的証拠はきわめてまれで、絵画などの間接的証拠もほぼ同様である。しかし私は、日本の先史時代には、直接証拠のある丸木舟だけでなく、もっと多様な舟があったのではないかと考える。たとえばカヌー地帯と言われるポリネシアなどでも、よく調べると筏《いかだ》や葦舟ないし皮舟が使われていた。人類はその土地にある素材を利用していろいろな舟や浮きを作り、水の上を移動していたというのがより真実に近いと考える。

旧石器時代に可能であった舟のカテゴリーは次に大別される。

(一) 船体を一つの素材から作る、船殻《せんこく》ありき（シェル・ファースト）型の舟。これは西欧で発達した骨組みありき（リブ・ファースト）型の船と区別される船殻形成の大カテゴリーである。船殻ありき型の代表は丸太を刳りぬいて作る刳り舟（丸木舟）である。縄文時代の地層から出土した例があるので有力だが、木を刳りぬく技術があったことの証明が必要である。

次に船体に樹皮や獣皮を使って、中に横木を入れて船型を保つ皮舟も有力だ。獣皮舟は極北圏のエスキモーのものが有名で、彼らはアザラシなどの皮を使う。北海道のアイヌ民族も同様である。さらにアイルランドの牛皮舟（クラフ）、北米のバッファロー皮舟、南米のアザラシ皮舟などが知られている。

(二) 個々の素材では浮力が足りない素材を組み合わせて浮力を増す舟。筏や葦舟がそうである。カヌーでも、オセアニアのように二枚の板に対応する穴を開けて結縛すれば接合は可能だが、旧石器時代にはこの技法は考えなくてもいいであろう。

（三）どちらに入れるか迷うが可能性は考えておいた方がいいのが笊舟《ざるぶね》である。ベトナムや西アジアには竹などで編んだ笊舟が見られる。かなり綿密に笊を編まないと浸水する。今日の事例ではアスファルトなどを塗って防水している。

旧石器時代の舟、とくにサフル大陸への移動あるいは琉球列島に移動した時に使われた舟を推測するための条件は、旧石器時代に利用できた道具で製作可能であり、その時代に両者の移動の鍵となるスンダランド付近で利用可能であった素材、そしてこの地ないし類似環境で民族事例のあるもの、である。

これら多様な舟の中でも、北方民が使っていた動物の皮の筏、獣皮舟は、熱帯・亜熱帯の海水では皮が腐るのではという心配がある。アイルランドの牛皮舟は冷たい水につけるとかえって丈夫になったという実験報告があるが、獣皮舟は東南アジアやオセアニアには事例がなく、ほぼ北方か乾燥帯に限られることから、今考えている南方海域では考えなくてもいいだろう。

それでは以下、スンダランド付近の旧石器時代に有力であった舟の民族事例をいくつか見ていこう。

刳り舟

船殻優先の作り方として刳り舟（丸木舟）と樹皮舟がある。両者はまったく反対の考え方である。刳り舟は木の皮を剝いで芯を刳りぬき、船殻を作る。樹皮船は木から皮を剝いで、その二枚の両端を結縛し、その結縛した全体の両端を上の方にあげ、舳《へ》先《さき》状にして船殻を作る。樹皮は丸まっていく性質があるので、しばしば横木を入れて船体の形を保つ。

刳り舟の大きさは使う木のサイズによって左右される。人間が乗れる大きさであるためには少なくとも人間の尻の幅より大きな空間がないといけないので、かなりの太さの木が必要になる。それを倒し、さらに刳りぬくことができるかが問題である（ニューギニア方面には、またがる形式の細いカヌーはあるが）。

一六世紀の終わり頃、アメリカのヴァージニア州先住民の状況を描いた文献によると、彼らは湿った苔《こけ》で火が燃え広がるのを防ぎながら、倒す木の根もとで火を焚《た》き、そのようにして木の根もとを切りやすくしてから切り倒していたという。倒した木は台の上において樹皮を剝ぎ、そのあと再び木に火をともし貝殻で彫ることを繰り返して刳り舟を作った。貝殻はときおり砂岩で研がれた。

このように、たいした石器がなくても刳り舟を作ることは可能だが、かなりの手間がかかるようだ。一般に刳り舟は石斧の誕生とともに本格化したといわれるので、そのような石器があまり見あたらない東南アジアや沖縄周辺の旧石器の舟としては別の候補も考えておくべきだろう。

樹皮舟

樹皮舟はオーストラリアのアボリジニ、ボルネオ島、シベリアや北米の北方先住民、アマゾン流域、南米南端のフエゴ・インディアンなどで使われている。熱帯雨林、乾燥帯、また寒冷気候などさまざまな気候帯で使われ、旧石器時代に海を渡ったアボリジニでは舟の主力なので、旧石器時代にも存在していた可能性が高い。

オーストラリア内陸のマレー渓谷は、もっとも原初的と思われる単純型樹皮舟の宝庫であった。舟はユーカリの一種の樹皮を、ヤムイモを掘る棒だけで剝いで作られる。皮を剝いでまだ生乾きの状態で、簡単な作りの樹皮舟が川や湖を渡るのに使われた。また南東部の海岸地帯ではもっと大型の樹皮舟が目撃されている。これを作るためには三〜五メートルの円筒状の樹皮を剝ぎ取る必要がある。その後、外側の表面を剝ぎ取る。そして樹皮の下で火を焚き、適当な柔らかさになったら裏返しにして先端を結縛し、尖らせる。つまり樹皮舟は皮の内側を外壁にし、外側は表面が削られて平らにされ、船体の内側になる。このように樹皮を裏返して使うことは南北アメリカでも知られている。

さらに大きい縫合型の樹皮舟を作るには形を保つために肋材《ろくざい》や伸張材が差し込まれる。

樹皮舟には小さいものでは二〜三メートルの二人乗りのものから、最大四〜六メートルで七、八人から一〇人乗りのものがあった。

獣皮舟

木などの骨組みに動物の皮を張って作る舟である。北方のイヌイットやアリュートが使っていたカヤックがこれにあたる。船体の外側に用いられるのは海獣類の皮である。北米ではバッファローの皮、アイルランドでは牛の皮を張った獣皮舟が知られている。舟でなくても動物の皮、あるいは内臓を抜いた胴体を密封して作った浮きは中国やメソポタミアなど乾燥地の河川地帯で見られる。その材料は羊や牛などである。

日本では『日本書紀』の応神記《おうじんき》に、播磨《はりま》の国の「加古川《かこがわ》の港に来たとき、鹿の皮をまとった人間がたくさん浮いてくる」という奇妙な記述がある。天皇の一行を水先案内した水主《かこ》の語源は鹿子で、上記のような浮きを意味していたのではないかと考えられる。朝鮮半島やモンゴルでは牛の皮舟、あるいは浮きが使用されていた証拠がある。

獣皮舟も旧石器時代の技術で作ることの可能な舟である。しかしその分布は北方域か乾燥地に限定される。材料の獣皮が温かい海や湿気の強い地域では腐ってしまうからである。日本では北海道・サハリンあるいはオホーツク沿岸などで獣皮舟があった可能性はあるだろう。しかし本当に鹿の皮などの獣皮舟があったかどうかは微妙である。

葦舟・草舟

葦舟は、トール・ヘイエルダールが実験したラー号が有名である。これはエジプトやメソポタミアで使われる比較的太い、パピルスを並べて作った葦舟である。同じ原理の舟は葦だけで作られるわけではない。それらを総称して草舟と呼ぼう。これ以外にも南米のペルー海岸ではもっと細いトトラ（フトイの一種 *Scirpus totora*）と呼ばれる草を束ねて作った草舟が使われていた。海岸地域ではすでに消滅してしまったが、ボリビアとの国境にあるチチカカ湖では今でも草舟が作られている。

草舟の本場ペルー海岸では全般的に草舟は使われたが、北部で使われるカバリトス（原義は葉巻）は二つの太い束を平行に結合する形式である。そして真ん中にもう一本短い束を挟むと一番後ろに隙間ができるので、ここを乗員が乗るコックピットとする。束にした葦を直径三分の一程度に圧縮するために木槌で強く叩き、さらにそれをきつく縛って、叩きながら舳先を上げていく。一方、南部海岸のカバリトスは同じ長さの三本の束から作られる点が異なる。ここでは三本の束を叩いて堅くして並べ、結果としては丸太を並べた筏のようになる。ペルーの漁師は葦舟をフンボルト海流の縁にまでこぎ出して漁を行った。

北米サンフランシスコ湾にいたオーロン族はホタルイ（Scirpus juncoides）あるいはアブラガヤ（*Scirpus wichurai*）の草舟をもっていた。両方ともカヤツリグサ科ホタルイ属の植物である。葉巻状の束を三本束ねるのは南米の形式とほぼ同じである。この舟には四人が乗って、エスキモー型のダブルブレードパドルで漕いだ。この舟で沖の島まで鵜《う》の卵の採取に行ったり、アザラシやトドの狩猟に行ったりした。

ニュージーランド沖に浮かぶチャタム諸島に住むモリオリ族はラウポーと呼ばれるヒメガマ（*Typha angustifolia*）、あるいはアブラガヤ、フトイの類（*Scirpus* sp.）、またリュウゼツラン（*Phorminum tenax*）を束ねた筏モキヒを作っていた。

記録によると、ラウポーでできた三本の束はだいたい長さ五メートル、真ん中辺の直径六〇センチ程度で先端が尖っていた。こうしてメソポタミアなどで使われる葦舟とよく似た舟ができる。記録では二〇メートル近くもある草舟が報告されている。

タスマニアにも草舟があった。おそらくヒメガマから作った束を五つ並べて作る葦舟である。

筏

筏も世界中にあるが、議論を太平洋に限定しよう。東アジアで筏は中国、朝鮮半島、日本列島の各地、また東南アジア大陸部でも河川部を中心に広く使われていた。海用竹筏は台湾とその対岸の江南地方海岸部に集中する。アメリカ大陸の先住民でも筏は広く知られる。注目すべきはブラジルで使用されている筏である。これはセンターボードと帆を使用する点で台湾の竹筏と同様で、太平洋横断を示す証拠として古くから注目されてきた。インドの東海岸ではカタマランという筏が使われている。カタマランとはタミル語で「結縛された木材」を意味するが、舳先が尖るように先端を削った木材で作った筏である。

台湾には竹筏があるが、フィリピン以南ではカヌー、とくに側面に浮き木をつけたアウトリガー式カヌーの世界となる。したがって、ポリネシア人などが移動の当初からアウトリガーカヌーを使っていたのか、それとも他の舟を使っていたのかはまだ謎である。舟研究の大御所、英国のジェームズ・ホーネルは、筏はカヌー以前に遡る方法であり、各地に見られる事例はその残存である可能性もあるが、トレス海峡やポリネシアのマンガレバの事例の場合はカヌーが作れなくなった時の退化型ないし先祖返りであろうとしている。

ニューギニア島や周辺のビスマルク諸島ではバナナ（あるいは芭蕉《ばしょう》）の木などの筏が知られている。ソロモン諸島やバヌアツでも竹やバナナの筏がラグーン内の漁撈や石の運搬などに使われた。フィジーのビチレブ島レワ川流域では竹筏が報告されている。

カヌーの発達したポリネシアでも各地で筏が使われている。もっとも有名なのはマンガレバ島のカタマラン型筏パエパエである。これは筏の上に甲板を作り、二〇人ほどの人を乗せ、ラテン型の帆をつける本格的な船であった。帆の上桁・下桁も竹が利用された。一八世紀の末に主権を握った首長が他の集団のダブルカヌーを破壊し、またその技術を奪ったためにこのようなダブルカヌーを模した退化型の筏が生み出されたのだという。

ニュージーランドのマオリも外洋の漁撈用にクワ科の木（*Entelea arborescens*）で作った筏を使用していた。先端を削って尖らせたものを数本束ねて筏にするのだが、腕木を渡してダブルカヌー型式に二列にしていた。そうすると中央に隙間ができ、漁撈に使うウケを中央の隙間から仕掛けるのに便利だった。ミクロネシアのヤップやパラオでは巨大な石貨を運搬するときに筏が使用された。

台湾やベトナムの筏

外洋航海にもっとも優れた筏は台湾やベトナムで作られていた竹筏である。

台湾のアミ族には淡水用と海用の両方の竹筏の伝統があった。川・湖用は櫂漕用であったが、海用は大型で、舳先が反り返り、帆走を行い、遠洋航海も可能だった。海用の筏にはセンターボードが使われるのが特徴である。

筏用の竹には麻竹《まちく》（*Dendrocalamus latiflorus*）と刺竹《しちく》（*Bambusa stenostachya*）が使われた。結ぶ

のは籐や竹の皮の紐であった。竹の準備はたいへんな手間がかかる。軽量化、変形や割れの防止、結縛の容易化、滑り防止などのために竹の皮を剝ぐ。そのあとに防虫のために海水ないし淡水に漬けるか海水が洗う海岸の砂に埋める。さらに熱しながら梃子《てこ》をかけて曲げ、防水のために海亀、鮫の脂ないし桐の種油を塗る。

アミ族の筏は現在ではオールを使うが、これは漢人の影響で、もともとは鳥居《とりい》龍蔵《りゅうぞう》が記録しているような、竿かダブルブレード型のパドルを使う形式の筏が多用されていたようだ。そのような原初的な竹筏は、海峡を挟んだフィリピンのイロコス地方で現役である。北部ベトナムでは台湾と同様、外海用の竹筏が使用されていた。ドンソン型銅鼓《どうこ》に描かれる舳先が高く曲がった舟は海上移動用の竹筏を表すとの推測もある。

また筏ではないが竹製の舟として有名なのは笊舟である。日本神話の「无間《まなし》勝間《かつま》」を彷彿させる笊舟がベトナムの海岸や川で使われている。笊舟は、耐久性は劣るが安価な上、軽いので運搬が容易なことから根強い人気がある。私はベトナム北部・クァンニン省のハナム島において、網の目のように用水路が張り巡らされている水田地帯を、農夫が笊舟をかついで水路から水路へと移動し、行った先でまた舟に乗る姿を見た。笊舟は竹を裂いて薄く長い紐を作り、縦横にその紐を編みあげ、丸ないし楕円状の船体を作る。最後に近隣で取れるアスファルトを舟底に塗って火であぶって仕上げる。

旧石器時代の舟

太平洋の民族の舟ではカヌーが有名だが、このように、草舟や筏の伝統は連綿と存在している。筏は南米でも使われているが、以上の民族事例の中で旧石器時代、スンダランドから、一方でオーストラリア、他方で日本列島への移動を考えると草舟系か筏系が有望ではないかと思われる。日本列島、とくに琉球列島付近ではたいした石器が出ていないことを考え合わせても、豊富にあった材料で作られる渡海能力のある舟という点から同様の結論が得られる。

私は国立科学博物館の海部陽介氏らと旧石器時代の舟を実験的に作る研究グループ「与《よ》那《な》国《ぐに》研究会」を作っている。

私たちは研究会を続ける一方で、二〇一四年八月、チチカカ湖で葦舟作りを習得してきた石川仁《いしかわじん》氏の指導で草舟を作った。場所は沖縄最西端の与那国島で、材料は島内の樽舞《たるまい》湿原に大量に生息するヒメガマであった。その作り方は草を束ねてきつく縛り、杵《きね》で叩いてコチンコチンになるくらい堅く締めていく。この状態では草を束ねたというよりはほとんど丸太のようになる。縛り方も二つの束を交互に、8の字状に括って行った。

さらに二〇一五年の実験では、紐も島で産するトウツルモドキという植物を使った。これは島民が薪などを束ねて担ぐときに使う、とても丈夫な蔦《つた》である。この蔦は前年、芭蕉の筏を作るときにすでに使用している。トウツルモドキは水に浸しておくと柔らかくなり、貝殻で剝いていくと立派な紐ができた。ただしその紐は短いので、前年のようにヒメガマの束を8の字状に括っていくことはできなかった。それで石川氏の助言で束の数ヵ所を括り、さらに束と束を別の数ヵ所で括り束ねていくという形式で、最終的に三本の束で舟底を、その両側にそれぞれ束を括って、舷側を作るということで数人乗りの草舟を作ることに成功した。

こうして完全に自然素材だけで、そしてほとんど石器も要らない技術で草舟を作ることができた。こうしてできあがった草舟を湾の外にまでこぎ出してみて、スピードなどの性能チェックを行った。二〇一六年には与那国と西表《いりおもて》間での航海実験を行った。さらに実験は台湾でも行う予定である。

オーストラリアの研究者たちもインドネシアで竹筏を作って人類最初の渡海の実証実験を行っているが、日本でもわれわれのような実験が成功すれば、本書の大きな課題、つまり初期ホモ・サピエンスがアフリカからオーストラリア大陸、そして日本列島まで海を渡って移動したから、ゴンドワナ型神話が地球上の離れた地域に伝わったという仮説の蓋然性が高まるのである。

琉球列島への航海仮説

琉球列島への渡海、あるいは二万年前のニューギニア島北東海上のマヌス島への移動にはまったく陸の見えない海域を航海する必要がある。そのさい何を目標にしたのか、あるいはどのような航海術があったのかは推測することしかできない。時代は下るが、ミクロネシアやポリネシアの航海術では星座の出現・没入位置によって方角を推測した。北半球なら沈まない北極星を北の目印にする、あるいは赤道近くなら、ほぼ真東から昇り真西に沈むアルタイルを目印にするがごとくである。これは水平線の向こうに煙が上がったことから、火山の存在を推測するような考え方よりも、さらに抽象度が上がっている。

また私がカロリン諸島ポロワット島の航海士から聞いたところでは、航海中カヌーは海の真ん中に静止し、動くのは景観の方であると認識するという。カーナビのような考え方だ。無論彼らも本当に動いているのはカヌーだと知っている。しかしそれでもなお、動と静を入れ替えたモデルの方が考えやすいというのだ。つまり現生人類は自分たちの置かれている状況を客観的に、外部から眺めるような思考ができるようになってきたのだ。これは進化心理学でいう「他人の視点を取る」という能力に近いと思われる。そしてその延長上に「こころ」という人類独特の能力が発達してくるのである（鈴木光太郎『ヒトの心はどう進化したのか』)。

台湾の北東海岸に近い山に登ると西表島が見えることがあるらしい。氷河期、西表島と石垣島はひとつの大きな島となっていたようだが、山に登ったらたまたま、たとえば夏至の太陽が昇る方角に西表島が見えたとする。しかし、山を降りていざ舟を出そうと思っても海上からは西表島は見えない。そこで太陽がもっとも北から昇る方向に目標の島はあるであろう、という演繹《えんえき》的な思考をして船出したはずである。つまり見えないものの間に関係性を想定するような思考力である。天文ソフトで三万年前の空をシミュレーションすると、台湾付近では星空の回転の中心、すなわち天の北極は今とは異なり、竜座と牛飼座の間くらいにあって、特に北極「星」は存在しなかったかもしれない。

ラスコーの壁画などに天文学ないし数学的思考の萌芽を見る研究者のことを先に述べたが、人類の数十世代程度の間では、出現する方位と季節がほぼ固定されて規則的に繰り返される天文現象が、人類の時空間認識の基礎を提供したことは想像に難くない。もしそうであるならば、この時代に語られていた神話、すなわちゴンドワナ型神話にも天体に関する話が含まれている可能性があるだろう。

次の章ではそのような問題も意識しながら、いよいよ具体的に神話の内容を検討していこう。

第三章　人類最古の神話的思考
——ゴンドワナ型神話群の特徴

ゴンドワナ型神話

では人類最古の思考はどのようなものだったろうか。それをこれから見ていこう。その鍵がゴンドワナ型神話である。

ゴンドワナ型神話とは、サハラ砂漠以南のアフリカ、カラハリ・サンあるいはコイと呼ばれる人々、中央アフリカのピグミー、アフリカの外ではインドのドラビダ系の集団、インド洋のアンダマン諸島人、東南アジアのネグリト系の集団、そしてメラネシアおよびオーストラリア・アボリジニなどに見いだされる神話群のことである。またその要素は南米の諸部族にも見いだされる可能性がある。人類学・遺伝学の成果から、これらの神話は現生人類で最古の神話、あるいは神話的思考を受け継ぐ、というのが世界神話学説の基本的な立場である。

ゴンドワナ型神話の特徴は、叙事詩のように一つ一つの物語が関連して発展していくという形をとらないところにある。つまり個々の神話の間に関連が見いだせないことが多いのだ。そのためわれわれが神話の物語として理解しているイメージとは程遠く、神話の筋を抽象化して互いに関連付けるのがきわめてむずかしい。したがってわれわれにとってもっとも理解しやすいその特徴の説明としては、われわれが親しんでいる神話の典型であるローラシア型神話の特徴が欠如した神話である、ということになる。

ローラシア型神話は神々、宇宙や地形、人間や動植物、あるいは文化の究極の起源を説明しようとする。子供が絶えず「なぜ空は青いのか」と問うような問題意識である。このような最初の存在に対する究極的な問いはゴンドワナ型神話では問われず、また全般的に、世界の創造は語られない。すなわちゴンドワナ型神話では、世界がすでに存在している状態から物語が始まるのである。

ゴンドワナ型神話群で中心的に語られるのは、天や地、あるいは原初の海がすでに存在していることを前提にした上で、そこで最初の人間、あるいは動物が、どのような形で生きていたかということである。たとえばカラハリ・サンにおいてもアボリジニにおいても、人間と動物が区別されていなかった時代、あるいは相互に変身可能であった時代のことが語られる。そこには太陽や月、あるいは雨や風にさえも生命があり、人間や動物とともに地上に住む存在であったという考え方がある。

先にも述べたように、ゴンドワナ型神話は物語の流れを追うのがむずかしい。それは現在のわれわれにはストーリーラインが希薄だと感じられるからだ。一つ一つの神話がいわば独立峰で、それぞれが人間、地形、文化などの起源を語っているので、ローラシア型神話のように共通の基礎的構造を導き出すのがむずかしい。ただ、それでも以下に紹介する神話をお読みになっていただければ、何らかの共通する世界観、あるいは神話が醸し出す雰囲気に共通性が感じられるのではないかと思う。

またローラシア型神話では言葉が重視され、名前には神秘的な力、いわば言霊《ことだま》が宿ると考える。つまり最初に言葉を発したのは神なので、その神の力を借りて、名前を発声することによって相手を制御できると考えるのだ。そのためローラシア型神話では呪文が重視されるが、ゴンドワナ型神話では、言葉よりも偶像ないしフェティシュのほうが重視される。ローラシア型神話では呪文から、やがて経典や哲学的表現が生み出される。一方、ゴンドワナ型神話では、あくまでも具体的な対象と、それに働きかける儀礼を通して祖先を思い出し、過去を繰り返すことに重点が置かれる。

カラハリ・サン

アフリカ南部のカラハリ砂漠に住むサンの創造神はカマキリのカゲン（カハゲン、より正確には舌打ちをする音で〝ツァッゲン〟）である。このカゲンが世界などすべてを創造したとする。原初のとき、人間と動物との間に区別はなかった。サンは後で見るアボリジニやタスマニア人のように、かつて自分たちは鹿やスプリングボックなどの動物であり、カゲンの力によって人間になったと信ずる。また人間には魂が宿るが、それは人間から離れると、永遠の世界に移動して祖先と一緒になると考える。

カゲンはカマキリの姿をした、創造主であり、また同時に最初の人間でもある存在である。彼はすべてのもの、すなわち太陽、月、星々、動物を世界にもたらし、家族、妻、息子や娘などの子供たちももっていた。

また、カゲンには家出した自分の娘と暮らしていた蛇の一族を、洪水を起こして退治する話がある。そのあらましは以下である。蛇の親玉と配下の蛇たちは娘を連れ去ったためにカゲンの仕返しがあるだろうと予測して、高い台を作ってよじ登った。やがて洪水が起こって水が山まで達したが、台は高かったので蛇の親玉たちは助かった。そのあとカゲンが彼らに蛇であることをやめ、人間になるように命じた。こうして彼が蛇たちを杖で叩くと蛇たちは皮を捨てて人間になった。

また祖先が捨てたサンダルからカゲンがオオカモシカを作ってくれたので、サンは狩りをしてオオカモシカを獲ることができるようになった。あるときカゲンが作った鹿を狩人が射殺してしまったのでカゲンは怒り、矢で狩人を射た。しかしその矢はすべて外れて戻ってきた。そしてカゲンはブッシュの中で殺された鹿の内臓が捨てられて、木の枝にぶら下がっているのを見た。カゲンがそれを切り裂くと黒い液体がそこここに漏れ、明るい太陽も地平線に隠れてしまった。カゲン自身も目が見えなくなってブッシュをさまよった。

だがやがて回復したカゲンが内臓を空に投げるとそれは月になった。こうして月は夜の暗闇で狩人のために輝くようになった。

サンの神話にはたくさんの動物や祖先の精霊がいて、それらがそれぞれ人間に慈悲深かったり逆に悪意を持っていたりする。人々に「病の矢」を放つ死霊ないし怪物「クワ(雨)・カ・ホッロ（大きな動物）」も恐れられている。またサンは、雨のこともあたかも動物であるかのように語る。雨の雄牛はうなりをあげる雷雨であり、人々の小屋を破壊する。一方、雨の雌牛は穏やかに大地に染みわたっていく。雲から落ちる雨の柱は「雨の脚」と呼ばれる。雨はみずからの脚で大地を歩き回るのだ。

中央アフリカ

ピグミーもサン同様、興味の中心は世界の起源よりも人間とその文化、あるいは動植物や地形の起源にある。創世神話には、背中が平らなカメレオンが森の中で餌を探す話がある。カメレオンは大きな木の中から鳥のさえずりのような音が聞こえてくるのに気がついた。好奇心からカメレオンがその幹を割ってみると、大洪水が起こってしまった。水は隅々まであふれた。最初の男女、明るい肌のピグミーの男女がこの水から生まれた。彼らは森に住みつきピグミー族の祖先となった。

中央アフリカの神話の関心の中心も、いかにして最初の人間が地上に到来し、歩み、何を経験したかにある。これに続く天地の出現は重要ではないか、あるいは天地は最初から存在していたとされる。またローラシア型神話では大きな部分を占める超自然の存在にも無関心である。

たとえばコンゴの創世神話は天と地の創造については説明しようとせず、またいかに人間の男女ができたかについても語らない。焦点は、人間の生活に関する具体的な問いにある。創造主であるンザメは最初の人間を造るが、あまりにも傲慢なので彼は穴の中に追放されてしまう。二番目に造られた人間セクメが人間の祖先になる。彼の妻は木から造られた。またンザメの息子のビンゴは人間の形で生まれたが、天から投げ捨てられ、地上に降りて文化英雄となった。

このような段階的な創造という物語は、この地域の他の事例にも多く見受けられる。至高神が天に戻ってしまう原因が、人間のなんらかの過ちにある点も共通している。

たとえばガーナのアシャンティ族の神話によれば、世界の始まりの時、至高神オニャンコポンは地上のすこし上、人間の近くに住んでいた。ある女が杵《きね》と臼《うす》を使ってヤムイモをつぶすと、そのたびに杵でオニャンコポンを突き上げた。それで怒ったオニャンコポンは空に昇ってしまった。女は子供たちに命じてありったけの臼を集めさせ、オニャンコポンに到達するまで積み上げた。だがあと一個というところまで来たところで最後の一個が足りなかった。老女は子供に、一番下の臼を取っててっぺんに積み上げよと言った。だが、そうすると積み上げた臼は崩れ、登っていた人々が落下してたくさん死んだ。

女が仕事をしていて誤って天を突き上げたので、今のように天は高くなってしまったというこの話は、ナイジェリアから象牙海岸まで広がっている。この天地分離型神話はローラシア型神話群にも見いだされるが、このような、杵や機織《はたお》りのときに低い天を突き上げてしまったので天が昇っていったという話は、インドのドラビダ系集団やフィリピンの山岳民族の神話に頻出する。杵(穀物の調理具)や機織り機自体は新石器時代以降の道具だが、この天の突き上げという思想自体はゴンドワナ型神話群に由来する可能性があるだろう。

またナイジェリアでは、女が調理壺の中に青空を入れてスープにしたが、子供がその壺に手をつっこみ、手についた脂を取り去るために雲をひっかいた、という話がある。この食べられる空や雲、あるいは空や天体の擬人化という不思議な話は、ロシアの神話学者Y・ベリョーツキンによると、一部東欧にもあるが、それ以外ではインドのドラビダ系の集団、東南アジア島嶼部やメラネシアに広がる。これもゴンドワナ型神話の一要素と言えるだろう。やや異なるが、サン族は空腹になると月や星(カノープス)に向かって心臓や胃を取り替えようと呼びかける。それはまん丸として動きの遅い月や星の内臓の方が大きいので、空腹が満たされると考えるからである。

インドとアンダマン諸島

この地の神話にはアーリア系のヒンドゥー神話の影響が多々見られるが、原初的な思想が読み取れる事例も少なくない。インド東南部のいわゆるドラビダ系集団や、内陸に入るが北東部のアッサム地方の集団がそうである。たとえば次はアッサムのガロンガないしガロ族の話だが、虫や動物が砂をもってきて陸ができたというモチーフは、後で見るように東南アジアのネグリトやメラネシアにも共通する。

空にプークとその妻ユークが住んでいた。そのとき地上は水に覆われていた。エビとカニがそれを干拓しようとし、エビは触角を使って水に漂っているゴミや草や葉を集め、カニは深く穴を掘った。すると水が穴の中に流れ込み、その下から地面が現れた。エビはゴミの山を積み上げて山を造ったが、地面が柔らかすぎたので、太陽と月が熱で乾燥させた。プークとユークは天から見ていて大地が不毛で乾燥しているのを知った。プークは妻に言った。「緑のものはなにもない。木や草が生えるように水をやりなさい」。しかしユークは「どうやって地上に水をやるのか」と抗《あらが》った。怒った彼女は腰巻きをめくりあげて陰部を露出した。すると彼女のその部分が太陽のように輝いて空を照らした。プークも怒ってパイプを水の筒の上に打ち付けると雷が起こった。すると雨が降って地上に草木が生えてきた。

非アーリア系の神話も次に見るネグリト系（東南アジアマレー半島熱帯雨林に住む先住民系集団）の神話も、原初のとき、世界は水で覆われていたと考える。ローラシア型神話にも見られる、洪水のときなどに、水の底から土を持ってくるという「潜水モチーフ」は、むしろゴンドワナ型神話群に由来する可能性がある。あるいは両者の元となったパンゲア神話に由来するのかもしれないとヴィツェルは推測している。

インド洋に浮かぶアンダマン諸島も、現生人類の初期移動の鍵を握る地域である。アラビア半島から海沿いにスンダランドまで人類が移動したとすれば、必ずこの地域を通るからだ。この神話では、最初の人間は割れた竹から現れ、続いて女が粘土から作られる。また最初の人間は死ぬと祝福すべき天界に行ったが、食料のタブーを破ったために幸福の時は終わり、破局が訪れる。このような楽園喪失のモチーフは、東南アジア大陸やインドネシアからメラネシアにかけて色濃く分布している。また神話資料は断片的だが、そこには大陸からの要素の混合も見られる。

楽園喪失は聖書のエデンの園追放を思い起こさせるので、これらの例もキリスト教の影響と考える意見がある。しかし遺伝学者のオッペンハイマーは、『東のエデン』という著書の中で、ノアの洪水説話や楽園喪失は、むしろ東南アジアやメラネシアにその原型があったと主張する。その真偽のほどを確かめるのはむずかしいが、これだけの広範な地域にわたって分布する類似したモチーフが、すべて聖書の影響と考えるのもむずかしい。キリスト教の及んでいない地域もあるからだ。

アンダマン諸島の神話でもっともよく記録されているのが次の話である。ここに登場するプルガという神も、すでに世界の中に存在しているところから話は始まる。


プルガは最初の人間であるトモを作り、果樹、タブー、火のおこし方や調理の仕方を彼に教えた。やがて女も造り、以後、子孫が増えた。神は彼らに狩りや漁撈の方法も教えた。しかし最初の父母が死に、人間が増えていくと、彼らはプルガが定めた掟を破るようになった。プルガが怒って大津波を起こすと、人間も動物も死んでしまった。だが、二人の男と女だけがカヌーに乗ってこの難を逃れた。水が引くと、プルガは彼らに必要な動物や鳥などを与えてやった。しかし洪水の間に火が消えてしまった。それで二人が困っていると、洪水で死んだ友人の魂がカワセミの姿となって訪れた。鳥はくちばしで燃えさしをくわえて地上に運ぼうとしたが、重すぎてプルガの体の上に落としてしまった。神は気づいて怒り、燃えさしを鳥に投げつけたが、あたらずに地上に落ちた。こうして運良く人間たちは再び火を得ることができた。プルガは人間たちに掟を守ることの大事さを訓示し、しかる後、永遠に姿を消した。

東南アジアのネグリト

マレー半島の山中、熱帯雨林に住む狩猟採集民セノイ族でも、最初から空や水（海）が存在している状態から、島や地上が造られたとされることが多い。

最初、水しかなかった。この水の上をヤ・ラング（＝亀）が泳いでいた。一緒にいたのはその二人の孫、ペドゥンとクンダラスだった。彼らは疲れたので休もうと思った。そこでヤ・ラングは孫の一人を遣わして、ランブータンの枝を取ってこさせた。だが彼が何も持たず帰ってきたので、再び遣わしたところ、野生のランブータンの枝を持ってきた。ヤ・ラングはその枝を伝って水の中を通り抜け、深みに住む怪物の背中に登った。その怪物を殺すと水がせり上がってきて水だけになったが、それでも底は見えていた。
するとコガネムシが水中から土を上に持ってきて、土の固まりを転がして大きくしているうちに地面が成長し、高い丘ができた。鳥が地面の上を飛び回りしっぽで丘を平らにし、熊は地面を踏みならした。こうして山と住むことの可能な土地ができた。だが、まだ天空が大地に近かったので、鳥が高く押し上げた。そのあとヤ・ラングは孫を釣りにやった。弟のほうが釣り竿を二つに折って地面に刺しておくと、いつの間にかそれが二つの山になっていた。それがペラク州にある二つの山である。

このようにネグリトの神話では、海（水）や天、あるいは太陽は最初からあったと語られるが、大地を作ったのがコガネムシであるという特徴がある。そしてこの創世神話も、ペラク州の二つの山という具体的な地形の起源を語るという意味で抽象的な語りではない。

マレー半島の西岸のマングローブ地帯には、マ・ベティセックというネグリト系の住民がいる。彼らは人間、動植物、そして自然の地形は、誕生と死、さらに再生という、同じ一つの原理によって結びついていると考える。世界はタマネギを半裁した断面のような七枚の層からなり、水の上に浮いている。そしてそれらが下の層から順々に、進化した生物のすみかとなっている。五層以下はウジ虫や気持ちの悪い生き物のすみかであった。第五層にはウジ虫は少なく病気も少ないが、人食いの化け物が住んでいた。人間は第六層に住み、第七層は上界である。第七層は精霊の世界で地上のような争いもなく、苦役もなかった。太陽や月は、さらにその上を回っていた。そして天の神トゥハンがこの世界を住めるものになるように指導した。

昔、天に住む神トゥハンは助手を指導して妻を造らせたが、まだ世界には大地も水も火もなく、昼夜の区別もなかった。第五層からはい出してきたウジ虫以外には動植物もいなかった。そこで神は油を飲み水に変え、人間たちに火のおこし方を教えた。また人間たちに花と卵を棒の上につけ、花は東に卵は西に掲げさせた。するとそれらが太陽と月になった。この頃、天は低かったが大地がなかったので、トゥハンは人間に、すがっているバナナの木の幹から降りて海底の泥を運んでこいと言った。だが人間たちが海に降りると足が泥に深くはまってしまった。それでトゥハンが鳥を遣わして泥を取ってこさせると、やがて地面は堅くなった。しかし日陰がなかったので、トゥハンが人間の要求に応じてキジを遣わし、植物の種を蒔かせると、木が生えて人間たちは木陰で休めるようになった。

オーストラリア

オーストラリア大陸に住むアボリジニは、自然とそこに生きる動植物と自分たちとの間に連続性を感じて生きていると言われる。アボリジニは季節や植物の生長、動物の生態に大きな関心をもち、また自然災害に恐れをいだいている。彼らは自分たちと自然の結びつきをトーテム（祖先としての動植物や自然現象）的なものと理解し、この結びつきは神話的な過去、すなわち彼らがドリームタイム（夢の時代）と呼ぶ時代に遡ると考える。トーテム祖先たちは、自分たちがその外形を取っている特定の動植物だけではなく、精霊として一族の女性の体内に入り込み、人間となって生まれてくるとされている。

夢の時代、トーテム祖先たちは人間から動物に変化したり、また人間に戻ったりしていた。またトーテム祖先は東南部では天空の勇者、北部では多産なる母あるいは虹蛇ともイメージされている。夢の時代、これらは移動を繰り返し、現在の地形を形作り、聖なる場所を定め、そこで行われる儀式を導入した。

世界の始まりと人間の誕生

オーストラリア大陸中央部のアランダ族では、世界の始まりは次のように語られる。

空にはエミュー（ダチョウのような飛べない鳥）の足をもち、永遠の若さを保つ偉大なる父がいた。彼は犬の足をした母を妻にしていた。それで息子たちはエミューの足、娘たちは犬の足をもっていた。彼らは永遠の緑の土地に住んでいた。そこには天の川が流れていた。すべての天空の住人は星のように永遠であった。地上の人間だけが死ぬ運命であった。

かつて天と地の間には梯子《はしご》があって行き来することができていた。大地は形をなしておらず平らで、永遠の闇に包まれ、遠い天の川の火だけに照らされていた。太陽も月も宵《よい》の明星も、地の冷たい裂け目の中で休止していた。人間は胎盤《たいばん》のような形で沼の中に存在していた。地下にはいろいろな生命が存在していたが、それはまだ生き物としては創造されておらず、あいまいな形のまま、永遠の眠りの中に休息していた。

やがて、超自然の存在が目覚めるときが来た。彼らは地面から出現したが、その場所は生命と力のみなぎる場所となった。太陽が地下から現れ、地上は初めて光にあふれた。超自然の存在はカンガルー、エミューなどというようにいろいろな形をしていた。男女の形をした人間も出現した。またその頃は、動物も人間と同じように考え行動することができていた。人間も、対応する動物にいつでも姿を変えることができた。植物だけが知られていなかった。植物に姿を変えることになる男女の祖先が、まだみな人間の姿をしていたからだ。

これらが出現したあと、トーテムの祖先たちは地上を動き回り、砂漠の中にあらゆる地形を作っていった。トーテムの歌は祖先によって作られ、儀礼も祖先によって始められた。聖なる歌、トーテム祖先を示す体の装飾、聖なる儀礼はこのときから変わっていない。またトーテム祖先は、人々に弓や盾の作り方、火のおこし方、また火を使って料理する方法などを教えた。それ以外のたくさんの伝統も彼らが教えたものである。

旅が終わると退廃が襲ってきた。北の荒廃した土地にはまだ名前もない力が存在していた。それは力のある超自然の存在さえ屈服する力だった。超自然の存在は年老いて朽ち果てても精霊の形、あるいは岩や木の姿で生き続けたが、それらにはイニシエーションを受けた人間だけが特定の儀礼のときにだけ近づくことができる。太陽、月、および地上生まれの天体は今では空に上り、労働、苦労、死が地上の男女に残された。

やはりここでも、宇宙あるいは神話の舞台がすでに存在しているところから物語は語られる。太陽や月や天体も地上あるいは地下から現れた。人間の出現は動物の出現と同時であり、また両者は同等の存在であった。そして人間と動物は互いに交代可能な存在であった。別の言葉でいうと、人間は自然や動物、あるいは天空の一部であり、また現在でもそうなのだ。

南東部や北のノーザンテリトリーでは、至高神のような存在も知られている。メルボルン付近の部族では、プンジェルという神が二人の男性を粘土から造ったとされる。クイーンズランドの話では、月が最初の男女を造ったとされる。男は石から造られて全身に白と黒の灰をかけられた。女はヤムイモと泥を塗られて柔らかく造られた。南部では人間は排泄物から造られたあと、くすぐられると笑いはじめ、こうして生命が誕生したとされる。

ノーザンテリトリーでは天空神のアトナトゥが怒って子供たちを空の穴から地上に放り出したとする。こうして彼らが地上における各部族の祖先となった。また人間が増えすぎたので、空から降りてきたプンジェルは怒ってナイフで人々を小さな肉片に切り刻み、虫のように這って歩くようにした。すると大きな風が起こってその肉片を方々に散らしてしまった。落ちたところでその肉片は男女になり各地に分散した。

アーネムランド東部では、偉大なる蛇神は母クナピピと呼ばれる。クナピピは恵みの雨を象徴し、豊穣の儀礼自体もクナピピと呼ばれる。クナピピはその娘たちの魅力によって若い男性を誘惑し、殺して食べてしまう。クナピピが男たちを吐き出すと、現れるのは骨だけだった。超自然的な力をもつ蟻たちでさえ、彼らを生き返らせることはできなかった。このような状態がしばらく続いた後、屈強な男「ワシタカ」が、多くの男性が消えてしまった原因を探った。ワシタカはクナピピが犯人と知り、クナピピを捕らえて殺した。クナピピが断末魔の叫びをあげるとその声が木の中に染みこんだ。次にワシタカが木を倒そうとするとクナピピの声が再び響き渡った。

タスマニア

西洋人植民の直後に絶滅してしまったタスマニアの民は、サフル大陸に移動してきた初期人類の文化をもっともよく残していたと言われている。代表的な神話では、二人の男の精霊、モイヘレニーとドゥオレメレデーネが天の川にいて忙しく土地作りに励んでいたとする。前者は流れ星、後者は海の中から上る明るい星、カノープスであろう。二人の精霊は天で争い、ドゥオレメレデーネがモイヘレニーを地上に投げつけた。彼はそこで邪悪な精霊と戦った。彼の妻がすぐ後を追って海に入ると天から降ってきた雨で妊娠し、たくさんの子供を産んだ。

モイヘレニーはまたララー（蟻）のようでもあった。彼は土から人間とカンガルーを創造したが、その時にはまだ両者にたいした違いはなかった。人間にはカンガルーのような尾にくっついた足一本しかなく、足には関節がなかったので座ることができなかった。これを見たドゥオレメレデーネが尻尾を切って傷口に油を塗り、関節を造ったのでようやく座れるようになった。またモイヘレニーはすべての川とその川岸を作り、島々と山々を作った。彼はそのあと天から投げ捨てられて大きな岩となった。

このように、タスマニア神話はゴンドワナ型神話の特徴を色濃く残すと思われる。あいまいな最高神の概念があって、それが二つの相反する原理、たとえば、昼と夜、善ないし悪の精霊、あるいはトリックスターとして現れる。他の多くのゴンドワナ型神話のトリックスターのようにモイヘレニーも天から降りてくるとされる。また死後の世界は沖にあるバス海峡の島にあり、魂はそこに行くとされる。この、死者の国は水平的に位置するという観念は、他のゴンドワナ型神話群にも見られるものである。また天体はその起源を地上にもつとする神話もある。後述するように、これもゴンドワナ型神話群の特徴である。

メラネシア

この地域の多様な神話を一般化するのはむずかしいが、やはり世界は無から創造されず、すでに存在していたとされることが多い。また最初の存在は蛇やワニ、あるいは亀や虫のような動物である。たとえばニューギニアでは亀が海底からせっせと砂を運んできて、最初の島ができたとされる。またこの亀は背中にひとりぼっちの男性、さらには女性を乗せてその島に運び、最初の男女ペアが誕生したとされる。

この地でもっとも一般的な神話における関心は海の起源である。太陽神ともいわれる創造主ウネカウは蛇神であった。ウネカウは海水が詰まった深い穴を支配していた。老女がそこから潮水をとって料理に使っていた。彼女が孫の要望に負けてその秘密を明かすと、大波が起こってみな、飲み込まれてしまった。そのあとウネカウは水を引かせ、珊瑚礁が浮上するようにした。珊瑚礁にすんでいた魚はみな死に、それから人間が生まれ出てきた。

このように海は最初から存在したと語られることが多い。世界の始まりは具体的な話題から説き起こされ、宇宙は空の人々が住む世界であり、一方、死者たちは生者と同じように暮らしている。死者の村は同じ村のブッシュ、あるいは沖の島という具合に具体的な場所として語られる。

ときには最初の存在、いわば神が語られ、それが人間や天体や地形を造ったとされるが、それ以上の興味は持たれない。また神々と精霊と祖先の霊は明確に区別されておらず、最初の存在はしばしばトーテムとして今日まで畏敬されている。そして多くの地域で蛇が最初の存在とされるが、その蛇が殺されて人間の祖先になる。また死んだ蛇の体から最初の作物が起源する（死体化生型神話《したいけしょうがたしんわ》）。

南米のゴンドワナ型神話

世界神話学説の提唱者ヴィツェルは、アメリカ先住民の神話はゴンドワナ型神話の要素も残しているが、基本的にはローラシア型神話群に含まれるとしている。おそらくシベリア周辺に残存していたゴンドワナ型神話の要素が、ローラシア型神話を持ったアジア起源の集団がベーリング海峡を氷河期に歩いて新大陸に渡ったときに、それらの人々によって持って行かれたとするのである。

たとえばコロンビアのチブチャ族は、世界がまだ存在せず、夜だった頃、光はチブチャがチミナグアと呼んだ何か大きな物の中に閉じこめられていたとする。このチミナグア（＝神？）が起き上がって輝きだし、体内に収められていた光を解き放った。そしてこの光とともに万物が創造され始めた。黒い大きな鳥たちを神が出現させると、鳥たちは世界を飛び回って光をまき散らしたので、全世界は光で満たされて明るくなった。

この神話は、シャコ貝のような大きな貝の殻の中に閉じこめられていたタヒチの創世神タンガロアの話（世界卵モチーフ）を想起させるところから、ローラシア型神話の流れをくんでいるように思われる。一方同じコロンビアでもクベオ族は、世界はずっとここにあり、創世神などはいなかったと考える。

クベオ族は自らをバウパス川の岩から生まれ出てきて、どの民族よりも前からその土地にいたとする。最初、彼らは大蛇のアナコンダの姿をしていたが、脱皮して人間になり、現在の川筋の場所に定着した。彼らの神は空に住む死の神と、人々の食用となる魚を創造した神クワイである。クワイは作物をもたらし、その植え方を教え、また編み物のやり方や死者の葬り方なども人々に教えた。また太陽でもあり月でもある神アヴヤもいた。

このクベオ族の神話は、世界はもともとあったとする点でゴンドワナ型神話的である。このように、人類移住の最果てであった南米諸部族にゴンドワナ型神話の形跡が見られることは注目されるべきである。のみならず、さらには人類移動のもっとも遠い到達点である南米南端の集団にも色濃くゴンドワナ型神話の要素が残っている。最初に新大陸に渡った集団がゴンドワナ型神話を主体とした神話を持っていた可能性は否定できない、そう私は考えている。

南米最南端のヤーガン族

さまざまな南米の集団の中でも、大陸の最南端に住むヤーガン・ヤマナ系の集団の神話は、ゴンドワナ型神話の流れをもっともよく残していると思われる。ヤマナ族は最初の人々について、長い間世界を旅してきたヨアロックス兄弟に由来すると語る。彼らは長い旅の末、ヤマナ族の土地にやって来た。ヨアロックスたちはそこに生まれて住んでいた人間に（どうやって生まれたかは語られない）、どのような生活をすべきか、互いにどのように振る舞うべきかを教えた。また人々に道具を造って与え、その使い方を指導した。彼らは人々に獣や魚の取り方、皮の剝ぎ方や調理の仕方を教えた。ヨアロックスたちはこのようにすべてのことを教えたが、彼らの中でも末の弟がもっとも優れていた。だから今でも弟の方がしばしば兄よりも優れているのである。

ヨアロックスは文化英雄と考えられるが、彼らの所業として、さらにいろいろな話が伝えられている。たとえばヨアロックスの兄が偶然石と石を打ち合わせると、火花が出て火を起こすことができることを発見した。彼はその火を消さないように守り、誰でも必要なときには使うようにと言った。しかし弟はこの考えに反対し、一人一人が苦労して火を起こし、そして働くようにすべきだと言った。結局、弟が火を消してしまったので、人々はそれぞれ火を起こし、毎日働かなければならないことになった。

この、人々が働かなくていいように提案した兄に対して弟が反対した結果、みな平等に働くようになったという話は、ゴンドワナ型神話に特徴的な楽園喪失モチーフといえるだろう。また不思議なことに、男たちの使う鏃や銛を使い物になるように改良してくれたのは女性、すなわち妹であったという話もある。

さらにこの地の大西洋岸に住むセルクナム族では、最初のときは次のように語られる。

コノスは世界中を放浪し、セルクナムの土地に戻ってきた。まったく孤独であった彼は、周囲を見回して湿地の泥を掘り出し、それを水の中に絞り出した。その泥から彼は男性器と女性器をそれぞれ造った。これらを夜放っておくと、男性器と女性器は結合し人間を生み出した。毎夜、結合を繰り返し、新たな人間を生み出した。最初に使った泥が黒かったのでセルクナムは肌が黒い。そのあとでは海岸の白砂をまぜて性器を造ったので、そこから生まれた人間は肌が白い。

またこの時代、人間は年老いるとコノスの所に行って体を洗ってもらい、垢《あか》を落とすと若返っていた。やがてコノスは天に戻り、代わりにチェヌケを天から降ろして人間たちの再生を行わせた。このように当初、人間たちは生きたいだけ生きることができていたが、やがて祖先クワイップが、人間は死ぬ運命になるべしと宣言した。これ以降、人間たちは死んで動物、星、風あるいは地形になるようになった。

ここでも人間は初め永遠の命を保っていたが、後に死ぬ運命になったという楽園喪失神話が語られる。また体の垢を洗い落とすと若返るのはアフリカやインドネシア、メラネシアあるいは台湾先住民に広がる脱皮型の死の起源神話に繋がる思想である。

さて以上、地域ごとにゴンドワナ型神話を概観してきたが、以下ではいくつかのテーマごとに比較してみよう。

人間、動物および擬人化された自然現象

宇宙や世界の創造を語らないゴンドワナ型神話において、もっとも関心の高いテーマの一つが人間の起源、あるいは人間や動物と自然現象との密接な関係である。ゴンドワナ型神話群の分布地域であるアフリカ南部やインドのドラビダ系集団にも、人間が粘土から作られたというヘブライ型神話の影響かと思われる事例がある。しかしこれだけ広範囲に聖書の影響が同じように現れるのかという疑問も、その一方ではある。これらの事実を勘案して、オッペンハイマーはすでに述べた著作『東のエデン』において、人間の創造や洪水説話の原型は東、とくに東南アジアの沈んだ大陸であるスンダランドにあったと主張している。

さて、以下、ゴンドワナ型神話群に特徴的なのではないかと思われる事例を見ていくこ

とにしよう。

　まず中央アフリカの多くの事例では、人間は瓢箪《ひょうたん》あるいは葦から生まれ出たとされる。ツォンガ族では鳥の神ンワリが肥沃な川岸で、嘴《くちばし》を使って葦原の中に穴を空け、その穴の中に卵を置いた。やがてそこから生えてきた葦が裂けて最初の人間が生まれ出た。彼は草と泥で小屋を造って住んでいたが、やがて女性と出会い、たくさんの強い足をもつ子供を作った。

　ナミビアのヘレロ族の人々は、最初の人間と家畜は草原深くに生えている木から下りてきたとする。一方サンの人々は、地面の穴から出てきたとする。西アフリカのアシャンティ族でも最初の人間と動物は地面の深い穴から出てきたとされる。ある夜、虫が地面に穴を掘ると、そこから犬や男女、誇り高きヒョウ（神聖な動物）が出てきた。最初の人間たちは見慣れぬ光景におののいたが、彼らのリーダーが落ち着かせた。不幸にもリーダーは町を建設する途中、倒れてきた木の下敷きになって死んだが、残った人々が仕事を完遂した。ピグミーの、創造主のカメレオンが、かすかなささやきを聞いた木の中から人間が生まれた話にはすでにふれた。

　人間が土や水の中から這い出してきたというこうしたモチーフは、東南アジアのネグリトやメラネシアにも見られる。また人間が植物に由来するというモチーフは、私がかつて

「ヴェジタリズム」と呼んだ原理だが、東南アジアからメラネシアにも色濃く分布している。東南アジアの熱帯雨林には、巨大なジャックフルーツやカボチャの実から赤子が生まれたという話がある。わが竹取物語や桃太郎の話もその要素を含んでいる。

さらにインド・デカン高原のドラビダ系のゴンド族では、鳥が温めていた卵から男女が生まれた。それは海上での出来事だったので、海の女神に懇願して陸に運んでもらい、人間の始祖となったとする。ローラシア型の世界卵モチーフは、世界が卵から生じるという話だが、上記の事例とは卵から人間が生まれるという点で異なっている。この思想はインドネシアのマルク諸島などにも見られるが、ヴェジタリズムと同様、われわれが日頃親しんでいる植物や食料から人間が生じたという点で共通性が高い。

さらにゴンドワナ型神話群には自然現象にまつわる独特の話がある。

その一つは自然現象が、かつては動物ないし人間だったという話である。カラハリ・サン族によれば、風はかつては鳥であった。

アボリジニの間にも擬人化された風の話がある。オラニカパラ族がバラと呼ぶのは、冬場に北西から吹く雨季の風のことだが、このバラは乾季の間は大木の中にいると考えられている。雨季が始まる前にオラニカパラの男たちは風の木の周りに集まって斧で樹皮に深い刻み目を付け、雨季の風バラを解放する。またママリガはウィリニカパラ族の風の名前であるが、四月から九月までの乾季に東あるいは南東から吹く。ママリガは雨季の間は高い岩に住んでいる。雨季の終わり頃、男たちはそこに出かけて行き、岩の先端を打ってママリガを石の家から出してやる。すると雨季の洪水が収まり、池や水場での食料探しが以前よりも簡単になる。新しい草が伸び、動物たちも集まる。またママリガは、ウィリニカパラ族の霊の子供を運び、母親たちを身ごもらせる。

死の起源

人間や動物の誕生とともに関心の高いのは死の起源である。このテーマもローラシア型神話群と相互影響があるので、ゴンドワナ型神話群の要素を純粋に抽出するのは容易でないが、いくつか可能性のある事例をみてみよう。まず、もともと死者は死ぬたびに蘇っていたのだが、あるきっかけから人間は死を選択することになったとする一群の物語がある。

まず過ちによる死である。

アフリカ・ケニア西部のルイア族は、昔、人間は、死んでも四日後に生き返っていたという。しかしある時、少年が死んで再び帰ってきたときに、母親が、死んだのだからそのまま死んだ場所にいるべきと言って少年を追い返した。少年は去ったが、歩きながら人々を呪い、将来死んだ者たちは戻らないだろうと言った。

アンダマン諸島では、兄弟の一人が死んだので母親が森に埋めた。やがて息子が帰ってくると、母親は一度死んだと思っていたので、再び息子を埋葬した。するとまた同じことが繰り返されたので、ようやく母親は息子が霊であることを知った。息子は二、三日するとまた戻ってきて、兄弟が自分を殺したことを知った。それでトリックスターのカラワディは言った。「おまえは何が起こったのかを知った。だからわれわれすべては死ぬことになる」と。

この件では、殺された息子は自分を殺した兄弟を恨んで戻ってきたのではなく、むしろ彼らに愛着があったので帰ってきたのだが、霊と人間とが接触すると人間は死ぬ運命になると語っているのである。だから島民は、死人が出ると、死者の霊は親族に愛着があると言って、喪の間はたいへんに恐れる。

インドのブーイヤ族でも昔、人は死んでも次の日には戻ってきていたとされる。ある老人が死んで蘇ってきたとき、妻がそれを信じず、儀礼を怠ったのでそれ以来、人間は死んでも戻ってこないようになった。

次に、水に沈むものを選んだので死を迎えるようになったとする話がある。

アフリカ南スーダンのヌエル族では、神が人間を創ったとき、瓢簞が水に浮き続けるのと同じように、人間が永遠の命を持つ証として、瓢箪を水に投げ入れた。それから神はそれを通知するために石女《うまずめ》を使いにやったが、彼女がそれを説明するとき、浮かぶ瓢箪を放る代わりに土製の壺を水に投げたのでそれは沈んだ。それで人間は死ぬようになった。

アボリジニには男たちが川を渡ろうとしているのを月が呼び止め、自分の犬も一緒に渡してくれるように頼む話がある。男たちは犬が人々を噛んだり殺したりするのではと恐れ、拒否した。すると、月は言った。「もし私の言うことを聞き入れれば、お前たちは死んでも生き返ることになるだろう。この木の皮を水の中に投げ込んでも再び浮き上がるように。だが言うことを聞かないなら、お前たちは石のように沈むだろう」と。だが男たちが拒否したので、月は自分で犬を連れて地上に降り、石をつかんで流れに投げた。月は石が沈むのを見て言った。「お前たちは私が頼んだことをしなかった。だから死んでからも浮上して生き返るチャンスを永遠に失った」と。

誤ったメッセージによる死

誤ったメッセージのために人間は死ぬようになったとする物語もある。

アフリカ、シエラレオネのメンデ族では、人間のもとに死のメッセージを伝えるために犬とヒキガエルが派遣されたという。犬は「人間は死なない」と言い、ヒキガエルは「人間は死ぬ」と言うことになっていた。動物たちはそろって出発したが途中で犬は道草をくった。子どもの食事を作っている女に会い、おこぼれをもらうまで待っていたのだ。一方ヒキガエルは止まらずに町まで来て「死が来たぞ」と叫んだ。ちょうどそのとき犬が駆けてきて「生が来たぞ」と言ったが遅すぎた。以来、人間は死ぬようになった。同じ話がズールー族ではのろいカメレオンと素早いトカゲになっている。

コイ族のバージョンは次のようである。月が虫にメッセージを与えた。「私は死ぬ、しかし死んでも生きている」と。虫は遅いのでのろのろしていると野兎が追いついてメッセージをもっと早く伝えた。しかし兎が間違ったメッセージを伝えたので月は怒って兎の口を打つと、唇が割れてしまった。

インド北東部のアパ・タニでも、猿とアリクイが誤ってメッセージを伝えたために人間は死ぬ運命になったとする。だから人々はそれらを見つけると今でも殺してしまうのだ。

誤ったメッセージによる死の起源の話は東南アジアからメラネシアにかけても色濃く分布する。たとえばインドネシア・スラウェシ島内陸に住む古層民族のトラジャ族では、人間が死んだとき、死体を包んで寝床に置き、死体にこのように言った。「一月の間死んでいてください」と。そこにいたずら者のトリセが来て何を歌っているのか尋ねると、「われわれは、一月の間死んでいてください、と歌っているのです」と言った。そこでトリセは言った「違う。永遠に死んでください」と歌うべきだと。こう歌うと、人は一度死ぬと二度と生き返らないようになった。

騙されて親族を殺す話

次に特徴的なのは、親族同士の葛藤《かっとう》ともいうべき物語、すなわち親族に騙《だま》されて我が子を殺してしまう話である。その骨子は二人の人物、たいていは姉妹とか近い親族同士に子どもがいて、一人が子どもを殺そうと提案したのでもう一方の女が自分の子どもを殺してしまうが、言い出した方は単に子どもを隠していただけだったという話である。しばしば助かった子どもは太陽になる。

このモチーフがもっとも頻繁に現れる南インドのブーイヤ族では、次のような事例がある。

月が果物を食べていると、太陽が来て何を食べているのかと聞いた。月が「私の子どもです」と言うと、太陽は「少し分けてください」と言った。食べると大変においしかったので、太陽は自分の子どもたちもすべて食べてしまった。一人だけ逃げた子どもは光のようであった。月が嘘をついていたことを知ると、太陽は月を呪った「おまえはいつも生きては死ぬ運命になるべし」と。一方、月の方も逆に太陽を呪ったので太陽の目が一つつぶ

騙されて我が子を殺すモチーフの分布（Y. ベリョーツキン原図，Berezkin〈2009〉）

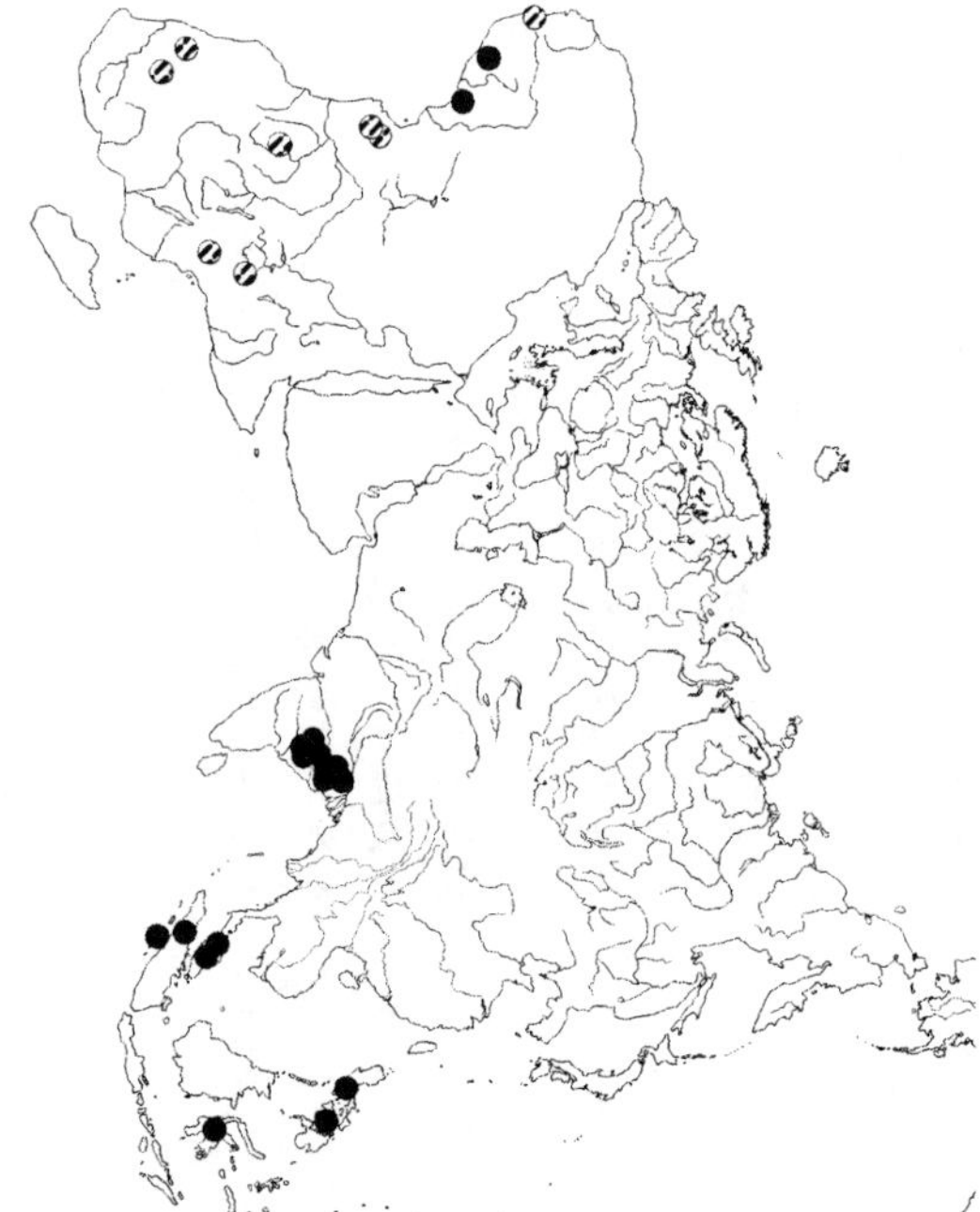

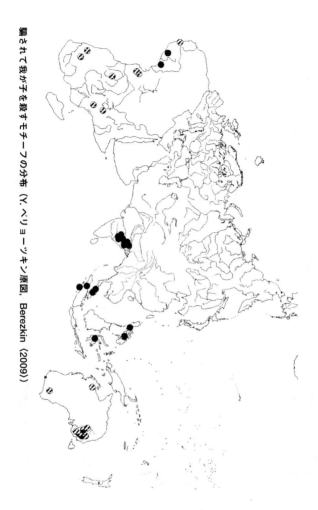

れてしまった。だから太陽は隻眼《せきがん》なのだ。

同じインド東部のコンド族によれば、かつては七つの太陽と七つの月があり、とても熱かった。そこで月が自分の子どもを食べるふりをして太陽の所へ真っ赤な口をして行き、泣いて言った「見よ。私は自分の子どもを食べてしまった」と。それで太陽は六人の兄弟を食べてしまった。しかし夜が来て月が子どもたちである星々と一緒にやってきたので太陽は騙されたことを知り激怒した。しかし殺した兄弟たちを取り戻すことはできなかった。

類似の話はマレーシアのネグリト系の部族であるセマン族にもある。姉である月が子どもたち（星）を髪の中に隠して妹である太陽に言った。「私は子どもたちを飲み込んでしまった」。太陽はそれを真に受けて自分の子どもたちを飲み込み、骨を吐き出した。もしそうしなければ、人間たちはその熱さに耐えきれなかったであろう。だから太陽は月を追いかけ、その脇の下に月を隠す。そして下界の人々の騒ぎをきいて、満足して月を解放するのだ。

同じマレー半島のマントラ族では、星々は月の子どもだが、太陽にも同じように子どもがいたとされる。しかし人間がそれほど大量の光に耐えきれなかったので、月と太陽は互いに子どもを食べることに同意した。しかし月は星たちを食べずに隠した（昼になった？）

が、騙された太陽の方は自分の子どもたちを食べてしまった。それを後で知った太陽は激怒し、そのために永遠に月を追撃している。時おり太陽が月に追いついて嚙み付いて起こるのが月食である。

インドネシアのニアス島では昔、二人の太陽が星の子どもを持っていたとする。あるとき片方の太陽がもう片方に、「二人とも子どもを食べてしまおう」と提案する。提案された方の太陽は賛成して自分の子どもを食べてしまったが、提案した方は、ただ単に自分の子どもを隠していただけだった。騙された太陽は怒って騙した太陽の目玉を人差し指で潰した。するとその太陽は暗くなり、月になってしまった。それで、月は子どもを隠していたから、天に昇るときは自分の子どもである星とともに上がってくるが、太陽は一人で昇るのだ。

これによく似た、月が太陽を騙して子どもたちを食べさせる話が、不思議なことに遠く離れたアフリカにも見られる。西アフリカ、象牙海岸のバウレ族、あるいはベナンのフォン族などである。ピグミー族でも類似の話がある。

このように、インドやネグリト系では天体が主人公の話だが、アボリジニやアフリカでは動物の物語が類話として存在する。

アボリジニではエミューと七面鳥の話になっている。七面鳥は鳥の中の王エミューに嫉妬して策を弄した。ブッシュの中にうずくまり翼を隠してエミューに呼びかけ、鳥の中の王だったら翼がなかったとしても飛べるはずだと挑発したのだ。挑発にのったエミューの母親は自分と夫の翼を切り落としてしまった。しかし騙されたと知り、エミューは復讐を思いつく。自分の一二羽の子どものうち二羽だけ残して残りを隠し、七面鳥に「子どもが一二羽もいると多すぎて、餌が十分行き渡らず立派に育たない、飢えて共倒れになる」と言ったのだ。立派に育ったエミューの子どもを見た七面鳥は、負けじと自分の一〇羽の子どもを殺してしまった。しかしやがて自分が騙されたのを知った。それ以来エミューは翼を失い、七面鳥は二個しか卵を産めなくなった。

天体の起源

後期旧石器時代には、すでに人類は天文に対する関心をもっていたようだ。ここではゴンドワナ型神話群に特徴的と思われる天体にまつわる神話を見てみよう。すでにいくつかの事例で見たように、アフリカ中南部の集団やアボリジニの間では、天体は人間や動物と同じように、かつては地上に住んでいた、あるいは最初は地下から出現したという話が多い。それに連なる神話をいくつか紹介しよう。

カラハリ・サン族には、おばあさんが孫に、地上にいた太陽を捕まえて空に放り投げるように命じるという話がある。命令を受けて子どもたちが待っていると、太陽がきて横たわり、肘をあげると光が出て地上を照らした。やがて太陽が眠ったので子どもたちは太陽を放り投げた。老婆は子どもたちに言った。「お前たち、太陽に言いなさい。空を動きなさい、と。そうすれば太陽が通るたびに熱くなり、蟻の卵は乾いて食べられるようになる」。その後、太陽が来ると闇はなくなり、沈むと闇が来るようになった。しかし夜には月が来て闇を追い払ったので、太陽は月をナイフで突き刺した。月は言った。「太陽よ、私の背骨だけは残してください。私の子どもたちのために」と。

トーゴのクラチ族の話では、太陽は月と結婚し、二人でたくさんの星を生んだ。やがて月は夫に飽きて愛人を持った。太陽は怒って妻と別居した。しかし子どもたちの何人かは彼とともに留まり、他の者は月と一緒に行った。時々太陽は自分の領域で月に追いつき、捕まえて食ってしまおうとした。それで人々は月食が始まるのを見ると、大声をあげたり太鼓を叩いたりして太陽を驚かし、月を放免させようとするのである。

コンゴのンカヌ族によれば、太陽＝男と月＝女は夫婦であり、星はその子どもたちである。ただ月は両性具有で、太陽の妻とされる一方、月が沈むときに見える金星（女性）の恋人ともされる。太陽と月が離れるのは、月が不倫をした、あるいは太陽と月が同じ恋人を争ったからだとされる。月の顔の斑点はそのときの喧嘩によって太陽が月の顔に泥を塗った跡である。太陽と月は今でも追いかけっこをしている。

金星が月の恋人であるというモチーフは、ベリョーツキンによると、東欧をのぞくと、ニューギニアおよび南米という、きわめて不思議な分布を見せる。このことからこのモチーフは、最初の出アフリカ時にあった神話モチーフであろうと推測されている。

また、昔、太陽が二つあったので一日中昼間だったが、カエルが矢で射たので一つの太陽は暗くなって月になり、矢の破片が星屑となったとする話がインドのアッサム地方で報告されている。これらはかつてたくさんあった太陽を射て暗くしたので今の昼と夜が訪れた、という射日《しゃじつ》神話の流れをくむ。射日神話は中国南西部の少数民族の間からアメリカ大陸まで広がっている。

メラネシア、とくにニューギニアにも擬人化された太陽や月の話は多い。ニューギニア島北東沖に浮かぶマヌス島では、太陽と月は兄弟だったと伝える。二人はそれぞれ女性と結婚したが、あるとき月が太陽に自分は病気だと偽り、漁に行くのを休んで家に留まった。そして太陽が留守の隙に月は太陽の妻を誘惑した。太陽はそれを知り、怒って一族をつれて船出してしまった。太陽は東の方に漕ぎだし、陸が見えなくなるところで留まった。そこで砂をまくとナウナ島ができた。太陽は一族をこの島においてさらに東へ東へと進み、とうとう東から昇るようになった。月は残されたので、逆側の西から昇るのである。

アボリジニも太陽は投げ上げられたとする。はじめ空には月と星だけしかなく、太陽は存在していなかった。大昔、人々の間で言い争いが起こった。その際、一人の男が腹立ち紛れにエミュー鳥の巣に駆け寄ると、大きな卵を一つ、天へ向かって全力で放り投げた。卵は山積みにしてあった薪にあたり、薪が燃え上がった。人々はそれまでずっと暗い世界に暮らしていたので、その光で目がくらんだ。天の神は火が世界の役に立つことを悟り、毎日それを燃やすことにした。こうして以後、毎晩神は翌日の夜明けのために（地平線に）薪を積み重ね、昇ってきた太陽がそれに火を付けるようになった。

南部のナリンニェイ族の間では、太陽は女性で、毎晩死者の国を訪れるとされる。太陽が近づくと、男たちは二手に分かれ、その間に彼女を通す。彼らは彼女を留まらせようとするが、彼女は翌朝また昇るために、ほんのわずかな時間しか滞在しない。帰るときに赤いカンガルーの皮を贈られ、それを着ているので明け方の太陽は赤いのである。

北米先住民の間でも、擬人化された、あるいは動物とみなされる天体の神話、あるいは、もともと地上に住んでいたという天体の神話が多く見られるが、とくに星の夫（スター・ハズバンド）、星の妻（スター・ワイフ）の神話が広がっている。星の妻の方は日本民話の羽衣型に近い。

例えば南西部のホピ族の例は、沖縄などに見られる日光感精型のモチーフを含んでいる。性交を望んでいたホピ族の娘が、ある日、家の中で足を広げ着物をはだけて全身を露出させ太陽を誘惑した。すると屋根が裂けて太陽の光が差して女の陰部に到達し、快楽を感じた女は身ごもった。それは初夏のことだったので、雲がわき雨が落ちてきた。娘は岩陰に隠れたが、また足を開いて服をはだけると、雨が集まって流れ落ち、彼女の陰部を直撃した。こうしてアンテロープのように彼女は一日に二回お産をした。一人目は太陽の子ども、もう一人は水の子どもと呼ばれる。

南米南端に住むセルクナム族の間でも、天体はもともと地上にいたと伝えられている。太陽の夫婦の夫の方は力強く地上を照らしていたので昼が長く、夜はわずかな時間しかなかった。それで人々が困っていたので、トリックスターのクワイップが昼と夜の時間を同じくらいにした。このとき太陽の夫婦の妻の方が不義をしたと誤解され、夫に顔面をひどく叩かれた。顔に傷を負った妻は天に逃れて月となり、夫もそれを追って天に昇った。それで今でも太陽は妻である月を追いかけているのである。

狩猟採集民の星

アフリカ南部のサンやコイサンの神話では、星はかつての動物や人間であり、地上に住んでいたとされる。牡牛座プレアデスは狩人であるアルデバラン（牡牛座のα星）の妻であり、夫に射止められたシマウマがオリオンベルトの三つ星だとされる。狩人の矢がオリオンベルトの下に垂直に連なる星で、オリオン座のベテルギウスがライオンである。狩人の矢は獲物に当たらずに落ちてしまったが、ライオンが近くにいるので怖くて取りに行くことができない。だが獲物を持ち帰らないと妻にしかられるので、狩人は当惑しているのである。

南十字星のαとγは鹿狩りに出たガオの息子たちである二人の兄弟であった。だがこの息子たちはライオンに食い殺されてしまった。ガオはライオンに気づき、魔法の角笛を木に隠し、ライオンをその木の下で踊るように誘った。角笛は木から落ち、ライオンを殺した。そのあとでガオは息子を蘇生させた。この話は一〇月に南十字星が南西の地平線に沈むときに語られるが、南十字星が沈むことが二人の息子が死んだことを表している。南十字星はケンタウルス座に追いかけられるが、それはライオンが兄弟を追いかけている姿である。しかしその夜遅くまた南十字星が昇り、少年たちが蘇生する。

サンには灰を投げ上げて天の川を造った少女の話がある。少女が木の灰の中に手を入れて空に投げると灰は白く空に広がり、その周りの星々はその外側に散らばった。天の川は星と一緒に天を回り、星々はその周りを航海しながら回る。

南インドには悪霊から助けてくれる星の話や、かつて太陽が二つあったという話がある。南インドには、北米などによく見られる星の妻の話もある。

アボリジニにも星の神話は多い。東アーネムランドでは南十字星はエイを表し、二つのポインター（α、βケンタウルス）はそれを追う鮫であるとする。またプレアデスは一般に七人の若い娘で、望まない男から逃げているとされる。男はたいていの場合オリオン座だが、東海岸ではアルデバラン、キンバリー地方では南十字星、あるいは金星、ビクトリア州ではカノープスとされる。これらの星はオリオンのようにプレアデスの後を追って昇ってくるので上記のような話になる。

アーネムランドでは、オリオン座は漁師を満載したカヌーであり、その妻のプレアデスはもう一隻のカヌーに乗っているとされる。男たちは亀を捕まえ、女たちは二匹の大きな魚を捕らえた。しかし岸の近くにきたとき嵐に襲われ、カヌーは転覆し、人々は溺れてしまった。これらの星座は雨季の間ずっと見えている。この話は、嵐が近づいたら漁に出るのは危険だという教訓、またトーテムである禁じられた魚を捕まえると罰が下るという教訓でもある。

ベーリング海峡を越えた星の神話

シベリア大陸からアメリカ大陸まで海を越えて共通の神話が分布していることは、フランツ・ボアズやクロード・レヴィ＝ストロースなどに指摘されていた。もっとも、アメリカ先住民はシベリアからベーリング海峡を渡って移住してきたのだから、これは当然である。

たとえばシベリアあるいはモンゴル付近から北米大陸にかけて、もっとも広範囲に見られるのが宇宙狩猟（コスミック・ハント）のモチーフである。この地域は緯度が高いため、北極星の周りを回って沈まない周極星が多い。日本の北海道の北部でも北斗七星は一年中沈まない。それでこれら沈まない星に対して、猟師や猟犬が獲物を永遠に追いかけている、という神話が付与されたのだ。所によっては北斗七星だったりオリオン座だったりするが、アラスカのイヌイットでは、オリオンの三つ星は北極熊を追いかけていた三人の兄弟猟師である。北極熊は夜空にぼんやりと見えるプレアデス星団（すばる）である。一説では羽子板形をしたプレアデス星団は猟犬が獲物を囲んでいる姿だとされる。

アメリカ大陸にも擬人化された星の話が多い。北米に星の夫型神話があることはすでに述べたが、南米のヤマナ族でも天体は擬人化されている。トリックスターのクワェニプはオリオン座の赤い星ベテルギウスである。オリオンベルトの星々は、真ん中が彼の母親ササン、両側が妻と息子である。一方、クワェニプの家族は赤い星アンタレスを夫としていたさそり座の星々であるとも語られる。南半球ではオリオン座は夏の星、さそり座は冬の星であり、この両者がともに空に上がることは滅多にない。

このように、一般に天体は地上の存在であった、あるいは地上の人間や動物の関係や性格と密接に関わる形で説明される。これは南部アフリカ、アボリジニ、そして南米南端部にも共通する傾向である。

ニコライ・ネフスキーが集めた『アイヌ・フォークロア』には太陽神と星神を兄姉にもつ人間の女性に関する語り、あるいは人間の始祖が星姫神と交わって人間界を造った話が含まれている。アイヌ民族にも旧石器時代に遡る狩猟採集民の天体伝承の系譜が見いだせるかもしれない。

話の細部は異なるが、これらが醸し出す雰囲気、背景にある世界観に共通性を見いだすことは不可能ではないだろう。

以上見てきたゴンドワナ型神話は、ローラシア型神話のようではない、とネガティブに特徴づけることはできたとしても、一般化するのは至難の業である。一つだけ確実に言えるのは、人間も動物も、そして神や精霊も、地上において一緒に暮らしていたとされることである。また夜空の天体もかつては生命をもち、人々の隣で暮らしていたとされる。それらの間に上下関係、階層関係はなく、平等な、相互依存関係こそあるべき姿だという主張が、その基底にはあるように思われる。

次に、われわれが日頃親しんでいるローラシア型神話、さらに日本神話を世界神話学説の中で考えてみたあとで、本書の最後であらためてゴンドワナ型神話の現代的意義を考えてみたい。

第四章　人類最古の物語——ローラシア型神話群

ローラシア型神話群の層序

ローラシア型神話は、ユーラシア大陸を横断してヨーロッパからシベリア、インド、東アジア、そしてアメリカ大陸に広がる一大神話群である。前章で述べたゴンドワナ型神話とは異なり、こちらの神話群には起承転結や因果関係をもった本来の意味での物語性が強く見られるので、ゴンドワナ型神話群に比べると、われわれにも非常に理解が容易である。現在、地球上の人類はさまざまな言語を話し文化伝統を異にするが、それでもなおこの神話群に関しては共通の理解が可能である。

ローラシア型神話群では無からの世界の出現（エマージェンス）、その進化（エボリューション）、あるいは至高神による創造（クリエーション）などから始まって、その後、神々の物語や神同士の闘争、最初の世界の破滅と再生などが語られる。そしてその延長上に今度は人間の誕生とその子孫たる王族の出現、またその一族である英雄の旅と戦い、この世の秩序化と混乱の平定などが続く。そのようにして、この神話群に属する神話の多くは支配者の正統性を主張して終わる。

ヴィツェルは、ローラシア型神話群の祖型は四万年前に、トルコから西アジアにかけての地域で形成されたと推測している。私は考古学における認知革命や、ホモ・サピエンスのオーストラシアへの移住の確実な年代などを考慮して、二万〜三万年前だと考える（認知革命とは天文学や数学的思考が誕生し、さらに装身具および具象的な絵画や彫刻が発達したため、人類の抽象的思考や象徴的思考が急速に発展する現象を指す）。いずれにせよ、当時は文字のない時代である。現存する文字記録の神話テキストのなかで、各地域においてそれぞれもっとも古いものは、今から四〇〇〇年ほど前のメソポタミアの『ギルガメッシュ』などの楔形文字《くさびがた》文書、エジプトの絵文字（ヒエログリフ）文書、さらに二七〇〇年ほど前のギリシャの『神統記』、さらにインドのヴェーダ、中国では『楚辞《そじ》』『山海経《せんがいきょう》』『淮南子《えなんじ》』などであり、日本では『古事記』や『日本書紀』、アメリカ大陸ではマヤの『ポポル・ヴフ』などがあげられる。

地域的に見ると、インド＝ヨーロッパ（印欧）群、ヒッタイト、ヘブライ、フェニキアなどを含む中東群、中国、朝鮮、日本などを含む東アジア群、中央アジア群、アメリカ群などに分けられる。ただしこれらは独立的に発達していったのではなく、相互に影響があったので、実際には非常に複雑な状況になっている。たとえばギリシャ神話は印欧神話群と中東神話群の融合によって成立している。

このような比較をするさいには、地理的に離れたアメリンド（アメリカ・インディアン）神話群と旧大陸のそれとの比較が重要である。たとえば中東やギリシャに見られる四ないし五世代にわたって繰り返される創造神話が、北米のプエブロ族やアステカ、マヤなどにも見られるので、アメリカ大陸に人類が移住した時期がわかれば、ローラシア型神話群の成立した時期の推定に役立つ（現在、アメリカ大陸への移動は今から一万五〇〇〇年前頃と考えられている）。

ヴィツェルは、アメリカ大陸の神話はローラシア型神話が再構成されたものと捉えている。たしかにすでに見たように、アメリカ大陸、とくに北米先住民や南米南端の狩猟採集民にもゴンドワナ型神話群に近い要素が見られるが、ヴィツェルはこの現象はシベリア付近に残存していた古い要素がローラシア型神話群に取り入れられ再構成されてアメリカに渡ったことによるものと考えている。だが私はむしろ、北米神話に見られるゴンドワナ型神話群の要素は、さらに古い時代にアメリカ大陸に渡り、海沿いに南下したホモ・サピエンス集団によって持ち込まれた可能性があると考える。

ローラシア型神話の基本シェーマ

一つ一つが独立峰的なゴンドワナ型神話とは異なり、ローラシア型神話の最大の特徴はさまざまな神話モチーフに物語としての連続性が見られる点である。ローラシア型神話に共通する基本シェーマは前出の一四頁の表のように要約される。なおヴィツェルの説明は不統一な所があるので、以下はあくまでも私が整理した図式である。

また付随するテーマとして、死の起源の説明と死んだ妻を他界から連れ戻す話、神や人間のために最初の火を盗む話、シャーマンのような存在の出現の起源、儀礼や供犠の起源、聖なる飲み物の起源、人間社会そのものの確立の起源などが語られる。

さてこれらの話には、たとえば洪水は人間が悪さをしたから起こるのだから、人類が誕生する前にはなかったとか、竜の退治の話は男女の神々が現れないと起こらない（竜は男女神の子孫であるから）などといった神話的な論理が見られる。すなわち内在的な物語的なシェーマ、あるいはストーリーラインがこちらの神話群には存在する。

ローラシア型神話群は人類の最古の物語である。創造、成長、そして世界の破壊、そして神と人間の進化と退化、また誕生から死、さらには創造からその破壊に至るまで、宇宙と世界のサイクルは、人間の体、その誕生、成長、老化、そして死と対比して語られる。これは人類最古の世界観あるいはイデオロギーといえるだろう。

もちろんすべての神話群がこのシェーマにきれいに当てはまるわけではなく、それぞれの地域の神話においてさまざまなモチーフの省略や統合も頻繁に行われる。また日本の『古事記』や『日本書紀』がそうであるように、さまざまな系統の神話の複合体の場合や、稲の起源が二度語られる（『古事記』では女神オオゲツヒメノカミが、『日本書紀』ではウケモチカミが死んでその体から稲や五穀が出てきたという死体化生型神話が語られるその一方で、『日本書紀』で稲はもともと高天原でアマテラスが管理していたが、天孫降臨のさいに地上に降りる天孫に授けて地上に伝えたとされる。のみならず、天孫降臨以前から稲はすでに地上にあったと解釈できる記述も『日本書紀』や『風土記』には存在している）などの矛盾も存在する。だが総体的に見ると、神話群全体には基本的には共通のストーリーラインが見いだせる、そう世界神話学説は考える。

原初の出現

ローラシア型神話にとっての究極的な問いは、世界と人間の起源はどのようなものだったのか？　である。世界の始まりは、ユダヤ系の神話などでは創造（クリエーション）とされる。至高神の力によって世界が生み出されるのである。しかし多くの神話では、むしろ無からの出現（エマージェンス）ともいうべき現象が見られる。何もないところから、あるいは無限の闇の中からひとりでに世界の芽が胎動してくる、という現象である。これを出現型神話と呼ぶ。日本の『古事記』冒頭もこちらに近い。出現型神話では、原初の存在、あるいは元《げん》物質は、原初の無、あるいは混沌、水、潜水者（アースダイバー）と浮遊する大地、原初の巨人、牛、卵などとされる。無からの出現を語る神話の有名な事例がインドの『リグ・ヴェーダ』である。

その時、無もなく、有もなかった。空界《くうかい》も、その上の天もなかった。何ものが活動したのか。どこで、誰の庇護のもとに？　深くて測り知れぬ水（原水）は存在したのか？　その時、死もなく、不死もなかった。夜と昼との標識もなかった。かの唯一者は、自力により風なく呼吸していた。これより他に何ものも存在しなかった。太初において、暗黒は暗黒におおわれていた。この一切は光明なき（混沌とした）水波であった。空虚におおわれて顕れつつあったかの唯一者は、熱（＝苦行）の力によって出生した。最初に意欲（＝愛欲）がかの唯一者に現れた。これは意（＝思考）の第一の種子（＝精子）であった。詩人（聖仙）たちは熟慮して、有の縁者（＝起源）を無に見出した。

またギリシャ神話では、

最初に混沌カオスがあり、その中にとエレボス（兄＝暗黒の神）とニュクス（妹＝夜の女神）が形成された。両者を結合させた力は愛エロスで（これはインドの原初の愛欲に類似）、エレボスは降りてきてニュクスを解放すると、それは広がり空間になった。彼らは卵の黄身と白身のように互いに分離してエロスと同時に天（ウラノス）と地（ガイア）を生んだ。エロスは二つを堅く結びつけた。

聖書を生み出したヘブライの創世神話では、神々による最初の天と地の創造の後に原初の闇が語られる。しかし聖書のさまざまな翻訳を比較すると、当初、大地が混沌から現れたとされていたものが、だんだんと神の創造というニュアンスが強くなっていったことが知られている。

印欧語族の古ゲルマン語で書かれた北欧の創世詩『エッダ』に伝わる「巫女の予言」は次のように語る。

悠遠なる時の始め、そこには何も無かった。砂も海も無かった。
冷たき波も無かった、大地はどこにも見えず、上なる天も無かった、
在りしはギヌンガ・ガプ、されど草はいずこにも無かった。
ついにブッルの息子たちが土塊を持ち上げ、彼らは栄えあるミズガルズを創った。
南より太陽が輝き、地の石を照らし、かくして地表には緑の草が生い茂った。

このブッルの息子たちがオーディン、ヴィリ、ヴェーのアース神族の三兄弟である。こ

の詩は原初の巨人ユミールを殺害することによって天地が創成されたことを語っている。ミズガルズとは世界の中心に位置する人間の居住地のことである。

一方、印欧語族とは関係のない、シナ・チベット語系統の中国語でも次のように語られる。

この世界ができる以前は、像《かげ》だけあって形はなくただ深く暗く混沌としていてつかみどころがなく、どのようになるのか、どのようにしたらよいか、まったくわからなかった。そこに二柱の神が自然に出現して、天地を作る事業をはじめたが、天地はあまりにも広大で、それはいつできるとも、いつ終わるともなく続いた。そうこうして、やがて混沌とした中から陰気と陽気が分離し、四方と八方とが分かれ、また、剛《かた》いものと柔らかいものとが生じて、そこから万物が形作られた。不純な気は鳥獣虫魚の類となり、純粋な気は人類となった。

このように世界の創世神話には著しい共通性が見られる。

さて遠くアメリカ大陸に行くと、マヤ神話をもっとも詳しく描いたと言われる『ポポル・ヴフ』もやはり無からの出現が語られる。

最初の時、人間は一人もいなかった。獣も、鳥も、魚も、蟹もいなかった。木も、石も、洞穴も、谷間も、草や森もなく、ただ空だけがあった。地の表もさだかに見わけられなかった。ただ静かな海と限りなく広がる空だけがあった。（中略）暗闇のなか、夜のなかに、ただ不動と静寂があるのみであった。そして創造主と形成主だけが水の中に光り輝いていた。二人の神は暗闇のなかで語り合った。二人はどうしたら明るくなり、朝が来るだろうかと語り合った。誰が食べ物を造り出すのだろうと語り合った。「かくあれ！　空間は満たされよ！　この水よ、去れ！　大地よ、現れ出でて固まれ！　明るくなれ！　天と地に黎明よ来たれ」と叫んだ。そして言葉通りに大地が形成された。

創造神の言葉によってこの世界が具体的に作られるのは、聖書をはじめ、ローラシア型神話の発達した形式にしばしば見られるところである。

原初の水

原初の混沌は水と密接に関係している。「原初の水」というテーマは北ヨーロッパ、シベリア、アメリカ、中東、インド、東南アジアからオセアニアに広がっている。それは論理的には、漂う大地や水底からの土を運搬して陸を作る話と関連している。原初の水が潮水だというのはエジプト、メソポタミア、ギリシャ、中国など古代文明圏に顕著である。

もっとも古い文献記録のあるメソポタミア、シュメール人の神話によると、大地は山の貴婦人の神ニンフルサグと見なされていた。この名前はメソポタミアの低地に広がる湿地帯や氾濫原《はんらんげん》の水の上に積み重なる泥・シルト層を意味していた。このニンフルサグと水の神エンキ（エア）との結婚から植物が生まれる。さらにエンキは自分の娘たちと近親相姦をして、その結果、作物が生まれたとされる。

シュメールに次いで文明を発展させたセム人の創世神話では、辛い水と甘い水の交わりが謡われる。バビロニア神話では次のように語られる。

女性の水ティアマトは潮水、男性の水アプスーは淡水である。アプスーは水神エンキの領域に住む。女性が潮水なのは経血と関連するが、ティアマトとアプスーは交わってラフムとラハムを生む。彼らはシルトの堆積したものであり、やがて地となる。両者の結合により娘のアンシャルと息子のキシャルが生まれ、彼らはまた息子のアヌを生んだ。このアヌは偉大なエアとその兄弟たちの父である。エアとその兄弟たちは水の上を騒々しく行き来していたのでティアマトとアプスーの怒りを買った。アプスーは彼らを諌《いさ》めようとしたが、それを知った兄弟たちに殺されてしまう。

このバビロニアの事例もメソポタミア文明を生んだ大河地帯の情景を想起させる。また両者の事例は次節で論ずる男女神に入れることもできるが、むしろ天＝父、地＝母、という思想ができる前には、水を中心にした男女原理が存在したことが窺われる。

エジプトでも宇宙は無限の海（ヌン）だった。以下はヘリオポリスに伝わる神話である。

最初の世界には天も地もなく、全くの暗闇でありヌンとよばれる混沌とした海だけが存在していた。そしてその大海の中からアトゥム神（ラー神と同一視され、ラー・アトゥムとも呼ばれる）が自力で出現した。アトゥムは大海の中を漂っていたが、やがて海の中から原初の丘（ピラミッドの原型とされる）が出現した。アトゥムはつばを吐くことで大気の神シュウと湿気の女神テフヌウトを産み出した。この二人から大地の神ゲブと天の女神ヌウトが誕生した。ゲブとヌウトは抱きあっていたが、シュウに引き離され、ヌウトは両手と両足を踏ん張り四つん這いになってゲブの上にかかる天蓋を構成していた。彼女の体を昼は太陽が、夜は星々が移動しながら輝いていた。この二人からオシリス神とイシス女神、ネフティス女神とセトの神が誕生した。この四神は兄弟姉妹で互いに夫婦であった。

このエジプト神話では女神の方が上になる点が特徴的である。

またギリシャ神話のペラスギアン版では世界卵モチーフが含まれた神話となっている。

最初にすべての女神であるエウリノーメが混沌から裸で立ち上がった。しかし足を置く場所がなかったので海を空から分け、一人で波の中で踊っていた。彼女は北風を捉えてそれを手に擦《す》りつけると、見よ、偉大なる蛇のオフィオンが生まれ出た。巨大な蛇はとぐろを巻き、女神と交わった。こうして女神は子供を授かった。次に彼女は鳩の形になって波の上を飛び回り、やがて永遠の卵を置いた。女神に請われてオフィオンは卵を七回巻きにするとそれは孵《かえ》り、二つに割れた。そこからすべてのもの、太陽、月、惑星、恒星、と地上が生まれた。

類似の話はインド、中国にもあり、シベリアにもある。サハリンのアイヌでは、最初のときに巨大な湿地があった。水は地面と完全に混じり合っていた。生命はなかった。神はセキレイをつくって天からおろし、土を取ってこさせた。セキレイは湿地を飛び回り尾を上げ下げした。すると乾いた土地が現れた。地面はどんどん大きくなり、最後には自ら出てその上を泳いだ。だからアイヌはそれをモシリ（泳ぐ土）と呼ぶ。

天空神が鳥を遣《つか》わして天から砂をまいて大地を作る話はポリネシアのサモアなどでも知られている。さらに新大陸へ移っても、北米カリフォルニアのマイドゥ族に原初の水モチーフが見いだされる。

最初、太陽も月も星もなかった。すべては闇ですべてが水だった。そこに筏がやってきたが、それには亀アノーシュマと秘密結社の父ペヘーイペが乗っていた。空から羽のロープが降ろされ、地上に初めて神が降りてきた。亀は四回水に潜って、そのたびに少しずつ土を水底からもってきた。四度目にはそれは大きな土地になった。筏がそこに上陸すると見渡す限り山であった。

『リグ・ヴェーダ』では、海底の泥が雄豚によってもたらされて土地ができたが、そのようにしてできた土地は当初は揺れていた。それをインドラが飛ぶ山に固定して地面を固めたとされる。北米ウィスコンシンのスー族ではアースメイカー（大地の造り手）による度重なる創造があったが、そのようにして作られた四度目の世界も「また安定していなかった」。それでアースメイカーは四つの島をつくってそれぞれの土地の四隅を固定したとされる。

「アースダイバー」と言われる、水底から泥や砂を運んできて陸を作る存在が登場する神話モチーフもある。漂う大地という思想はシベリア、インド、インドネシア、南米などに広がる。例えばシベリアでは、キリスト教の影響もあるものの、「最初の時、大地はなかった。神のニコラスと犬が浮いている土地に乗っていただけだった。悪魔が彼らを引きずり降ろそうとしたが、引っ張れば引っ張るほど土地は大きくなって大地ができた」とされる。

ただしアースダイバーの思想はニューギニアやメラネシアにも見いだせる。ニューギニアには亀がせっせと海底から砂を運んできて島ができたという民話があることから、アースダイバーの祖型はゴンドワナ型神話群にまで遡る可能性も否定できない。

原初巨人

これは世界が始まる前から原初の巨人が存在していたが、それが何らかの方法で殺され切り刻まれて、その体の各部分が天や地あるいは人間の起源となったというモチーフである。よく知られた事例としてゲルマン神話のユミールの話がある。

ユミールはギンヌンガガプ（大きく口を開けている空虚）にある氷から現れた。北の国の幾重にも重なった霜に南からの熱風が衝突すると、霜が溶けてしずくになって、そのいのちの水滴が熱によって人の形になり、ユミールが誕生した。邪悪な彼は霜の巨人族すべての父にして母であった。残忍なユミールをオーディン、ヴィリ、ヴェーの三兄弟が殺すと、流れた血の洪水で巨人族はみな死んでしまった。三兄弟がユミールの死骸を空虚に放り込むと頭蓋骨から天が造られ、肋骨から山が造られた。肉からは大地が、汗からは海が、髪からは木々が造られた。

これと並行するインドの『リグ・ヴェーダ』で謳《うた》われるプルシャでも、その体の各部分から天や地、さらには人間さえも創造される。ギリシャではコロノスの血が大地を孕《はら》ませ豊穣にするためにまかれる。バビロニアでは神々の闘士マルドゥクが混沌の竜ティアマトを荒れ狂う風と矢で倒しまっ二つにして、その一つを持ち上げて天になし、もう一つを下に置いて地にした。南中国の盤古《ばんこ》神話も原初の巨人モチーフである。

この世のはじめに天と地は卵の中身のように混沌としていた。やがてその中に盤古が生まれた。それから一万八〇〇〇年が経つと、天地がようやく分かれはじめ、清く明るいものが天となり、濁って暗いものが地となった。盤古はその中にあって一日に九度、形を変えた。天は一日に一丈ずつ高くなり、今と同じような高さになった。やがて盤古が死ぬと吐く息は風や雲になり、声は雷鳴になり、左の目が太陽、右の目が月になった。胴体や手足は四方の峰になった。血は河川に、筋肉は山や丘陵、肉は耕地に、髪の毛や髭は星々に、皮膚の毛は草木に、歯や骨は岩や金属に、精液は珠玉に、骨の髄はヒスイに、汗は雨に、体内の虫は野山に住む民衆になった。

ヴィツェルは、日本神話には巨人はいないが、イザナミが火の神を産む話とは対比も可能かもしれないとしている。島を生んだイザナミの体からは八つの雷神が現れるが、陰部を焼かれて死んだ後に嘔吐物や糞から神々が生まれる。そして兄イザナキによって殺された火の神の体から自然や人間の文化を象徴するいろいろな神々が生まれた。そして最後に黄泉の国から帰り、海で禊《みそぎ》をしたときに左右の目や鼻からアマテラス、ツキヨミ、スサノオが生まれる。

火の神の殺害とその血からいろいろな神が生まれる話はギリシャや中東にも存在するが、新大陸のメキシコのアステカ族の神話ではこうである。

原初の神、両性具有のオメテオトルは二人の神ケツァルコアトル（羽毛の生えた蛇）とテスカトリポカを生んだ（四人の兄弟というバージョンもある）。ケツァルコアトルは均衡と調和、そして生命に結びつく神であるが、テスカトリポカは争いと変化を体現する神である。二人は大地の女神コアトリクェ（蛇のスカート）を天から引きずり下ろし、大蛇に変身して女神を二つに裂き、大地と空を創った。コアトリクェは地上で万物の源となった。髪は植物、目や口は洞穴や水源、体の他の部分は山や谷となった。しかしコアトリクェは自分に対して行われた残忍な行いに怒っており、人間の心臓や血を欲しがった。

アステカ族では生贄《いけにえ》の心臓をえぐり出す供犠が有名だが、この話はその起源説話ともなっている。

巨人の殺害とバラバラ事件、あるいは巨人の血からの誕生は、古く旧石器時代の狩猟採集の伝統、おそらく大地の豊穣性を祈る動物供犠から出た可能性もある。それが初期農耕民によって語りつがれ、神の死体から作物が生じる、いわゆる「死体化生型神話《したいけしょうがたしんわ》」に変容したのだろう。この神話が作物の実りを願った動物供犠と密接に関係していることは、インドネシアの民族事例などから知られている。

世界卵

曖昧に丸い、あるいは形のないものから世界が出現するというテーマである。このモチーフは原初巨人のそれよりも広く分布している。

世界は割れた卵からできる場合、たいていは上半分は天空に、下半分は大地になる。これは原初巨人モチーフでは巨人の頭蓋骨が天となるのに対比されるモチーフである。

『リグ・ヴェーダ』では、原初の無の中に最初に出現した「実存」が発展して卵になる。卵は一年間置かれていた後で割れ、その半分がそれぞれ銀と金になる。銀は地となり金は空となる。またそれを囲む外膜は山となり、内膜は雲や霧となる。そして血管は川となり、その中の血液は海となった、とされる。

類例はギリシャ、フィンランド、中国で見られ、またインドネシア、ボルネオなど東南アジア島嶼部、ハワイ、ニュージーランドなどのポリネシアにも見いだせる。タヒチでは次のように語られる。

長い間、タナロア（タンガロア）は貝殻の中に住んでいた。その貝殻は卵のようで、中は広大な暗闇であった。そこには太陽も月も、土地も山もなく、すべてが定まらない状態だった。タナロアは中から貝をこつんと打って、それを割った。彼は殻の中からはい出てきて、貝殻の上に立ち叫んだが、声がこだまして帰ってくるだけだった。（中略）彼はだんだんいらだってきて、貝殻を逆さにして持ち上げて天空にし、それをルミアと名づけた。そして疲れ果てた彼を覆っていたもう一つの貝殻が彼の体から滑り落ちると、それが岩と砂になった。

しかしそれでも怒りの治まらないタンガロアは、自分の背骨や肋骨から山、内臓から雲、そして怒りと肉から肥沃な大地を作った。そして貝殻が空となると、神々がそこに太陽や月や星座を置いた。

フィンランドの叙事詩『カレワラ』では、原初のとき、鴨が偉大なる呪術師のワイナミョイネンの膝に金色の六つの卵を産む。すると卵の下の部分は大地に、上の部分は天に、黄身は太陽に、白身は月に、卵の破片は星々になった。

この原初の卵、すなわち「世界卵」のモチーフは、トルコから西アジア、インド、東アジア、東南アジア、ポリネシアそして中南米に分布が見られるもので、フィンランドの事例はむしろ飛地的である。ただしフィン語はインド＝ヨーロッパ系の言語ではなくウラル語族のフィン・ウゴル語派で、どちらかというとアジア系の言語なので、むしろユーラシア東部との橋渡し的な位置にあると言えるだろう。

『旧約聖書』の「創世記」天地創造の冒頭には「地は形なく、むなしく、闇が淵のおもてにあり、神の霊が水のおもてをおおっていた」という件《くだり》がある。この文章の最後に用いられているヘブライ語の表現は文字通りに訳すと、神の霊が巨大な鳥の形をとって原初の大海の上で卵を温めていた、という意味になるという。つまり聖書の創世神話にも世界卵のイメージがあった可能性があるのである。

また中国南部から東南アジア大陸部のミャオ・タイ・カダイ語を話す集団では「黄河が氾濫して土地が荒廃し、すべての人間を殺してしまった。兄妹だけが大きな木の幹につかまっていて助かった。彼らは最後に大きな山の頂に流れ着いた。土地を再生するために兄妹は交わり、妹は身ごもった。彼女は大きな白い卵を産んだ。兄がそれを捨てようとすると、妹は命がけで守った」とされる。この種の話で兄妹が乗って助かるのは、時には太鼓や銅鑼《どら》などだが、その原型はカボチャあるいはヘチマと考えられる。これにはイメージ的に卵に通ずるものがある。

卵のモチーフは、原初の水と関連する。ここで示された論理的な連関は「混沌・闇」――「原初の水」――(潜水)――「浮かぶ土地か原初の丘／卵・巨人」――「天と地の出現」、となるだろう。

天なる父、地なる母

原初の混沌や海から最初に生じるのが男女神で、それらはしばしば天空神と地母神とされる。この観念はギリシャのゼウスとデメテル、ヴェーダのディアウス・ピター(父なる天。ギリシャ神話のゼウスと同族語)とプリティヴィ・マーター(=地、母)などの印欧祖語段階にさかのぼれるであろう。『リグ・ヴェーダ』では次のように語られる。

実《げ》にこれら天地両神は万物に幸いし、天則を守り、空界の太陽を維持す。麗しきもの生む・神聖なるこの両界のあいだを、清浄なる神太陽は規範に従って進む。広く拡がり、偉大にして尽くることなき父と母(天地)とは、万物を保護す。天地両界はいと奔放なり、美しき婦女のごとく。父なる神が色美しき形をもって彼らを装いたれば。

同じ考えはアルタイ系言語のトルコ語やモンゴル語のテングリ、そして朝鮮、中国にもある。中国の陰陽の考え方もこれに通じるだろう。しかし先に見たように、エジプトでは女性の天が男性の地に覆い被さっているとされる。これは夜には天地が逆転するというインドのヴェーダの思想と相通ずるだろう。

日本神話ではイザナミとイザナキが最初の男女神とされるが、天空と大地という対比は薄い。むしろ祝詞《のりと》の中にあるカミロギとカミロミがそれに相当するのではないかとヴィツエルは主張している。「六月晦《ミナヅキゴモリノ》大祓《オオハラヒ》」にある「高天原爾《タカマノハラニ》神留坐《カムヅマリマス》、皇親《スメムツ》神漏岐《カムロギ》神漏美《カミロミ》乃命《ノミコト》以氏《モチテ》、八百萬《ヤオヨロズ》神等乎《ノカミタチヲ》神集《カムツドエ》集《ツドエ》賜比《タマイ》」という祝詞の一節より、この二神が神々の長たる男女神ではないかと推測されるというのである。

シベリアにも同様の思想が広がっている。アムール川流域の諸民族はハダウとママルディの対を最初の人間夫婦、あるいは最初のシャーマンの両親とする。ただしママルディはアジア大陸とサハリン島を造ったあとで夫に殺され、地下世界の主となる。しかしママルディは夫があらかじめ造っておいた未来のシャーマンたちの魂に生気を与える。夫に殺されるのではないが、島生みをしたあとに死ぬ女神イザナミと通ずるものがあるかもしれない。イザナミはママルディとは逆に人間を冥界に引きずりおろすと宣言するが、これにも暗い冥界で魂を司る役割を持つ運命という共通点が見いだせる。

アメリカ大陸ではシベリアと同様、天空神は太陽と同格あるいは空と同格とされる。あるいは動物や人間の形で創造される。アステカの神話あるいはマヤやインカにも同類が指摘できる。たとえばアステカ神話では、神々がテノチティトランに暗闇の中で集結し大きな火をたいた。もっとも小さい神であるナウワツィンは体中が疱瘡《ほうそう》で覆われていたが、炎の中に飛び込み、昼間に見える明るい星、すなわち太陽として再生した。こうして彼は父なる太陽とよばれ、母なる大地と対比されるようになった。

要約すると、ローラシア型神話群において原初の創造、より正確には原初の出現に続いて父＝天と母＝地の組み合わせが見いだせる。一方ゴンドワナ型神話群ではこのような、典型的な原初の男女神的な概念はほとんど発達していない。

天地の分離

次に起こるのは天地の分離である。両者を引き離すのは棒や柱、木、山、あるいはまれに天の川とされる場合もある。また世界ができた後で、巨人が天を支えていたとする話も少なくない。インドではインドラ、エジプトではシューなどがその例である。ギリシャ神話ではは巨人アトラスが、ガイアとウラノスの子どもたちであるティタン神族の一員であった。彼はオリュンポスの神々と戦って健闘したが、戦いに敗れ、その罰として肩に天を背負う役目を負わされた。これが北アフリカのアトラス山脈の語源である。

ヒッタイトの神話に登場する岩の巨人ウルリクムミ、そして先に巨人の部分で紹介した盤古も、彼らが毎日成長したおかげで天が高くなったとされるのは、天地分離型神話とも考えることができる。朝鮮半島では仏教化しているが、この世のはじめ、天と地はくっついていたが弥勒菩薩《みろくぼさつ》の力で両者は分離され、再び接合しないように大地の上に堂の柱が建てられたとされる。

天地分離型神話でもっとも華麗なものはニュージーランド・マオリの事例である。かつて天空神ランギ（原義は天）と地母神パパ（原義は基盤や岩）は堅く抱擁しあっていた。そのため地上には光が存在しなかったので、二神の交合から生まれた子どもの神々が天地を無理矢理引き離し、ようやく光が差した。離ればなれになった二人は互いを求め合った。雨はランギの涙であり、霧はパパのため息である。

一方、エジプトでは、大地が男神ゲブ、天空が女神ヌウトとされる。ヌウトはゲブの上に覆い被さり、大地ゲブは恵みの雨を、性器を勃起させて待っている。両者の間には父のシュウ（大気）がいて二人を分けている。これは区別のない状態から、男女になぞらえた天地の区別のある状態に分けられ、秩序化されたことを意味している。

さて、天を持ち上げる木という発想は、世界の柱、宇宙の中心にある宇宙樹の思想、さらには宇宙の川（天の川）という発想にもつながってゆく。仏教では須弥山《しゅみせん》の思想がそれにあたる。宇宙樹の思想はインドにもあるが、ローラシア型神話群の北端、すなわち北欧やシベリア、北米などにもっとも強く見られる。ポリネシアではマルケサスに天を支える木の思想がある。またおそらくオーストロネシアからの影響で、マレーシアのネグリトにもある。そこでは巨大な岩であるバトゥ・リブンが、地下世界の上に、世界の真ん中に立っている。ただし木はアボリジニの儀礼でも重要なので、ネグリトの事例もさらに時代を遡る（ゴンドワナ型神話群）可能性も捨てきれない。また木の信仰は一般にシャーマニズムと密接に関わる。シャーマンは高い木から天の神や霊を降ろして憑依するからである。

この天地分離型神話は創世神話にあっては常連ともいうべきテーマだが、注意すべき点がある。何をもって天地分離型神話というべきかという問題である。アトラスのように天を巨人や宇宙樹が持ち上げているというものが最もよく知られているが、たとえばかつて天と地は通行可能であったが、何らかの原因によってそれを結ぶ梯子や蔓《つる》が切れてしまい往来がなくなった、あるいは天がより高く上がっていってしまった、というのも天地分離型とされる場合がある。

さらにマオリのように、くっついていた天地を引き離すという形式もある。逆にインドネシアには、年に一回、天が降りてきて地と交わり、この世に豊穣をもたらす、という話がある。これは雨季に雨雲が降りてくるさまを象徴したものであり、むしろこの場合は分離ではなく、結合の方が強調される。

ヴィツェルはこれらの区別なくローラシア型神話の天地分離型モチーフとして分析しているが、私は本書では、神々や人間の行為によって天が持ち上がる、あるいは上の方に天が逃げてしまうという物理的変化のある神話のみを狭義の天地分離型神話と定義したい。

世界の形成——エクメーネの形成と竜退治

こうして天と地が形成され、大地が固まった後、人間が出現することになるわけだが、それ以前にもいくつかのテーマが存在する。その一つが光の形成や肥沃な土地、あるいは人間の住めるエクメーネ（人類が開拓し居住可能になった土地）の誕生である。そのような役目を持つのが、世界形成者（デミウルゴス）あるいはトリックスターである。たとえばインド神話ではインドラで、彼が天と地が分離したあとに出現し、まだ漂っていた大地を固定し大地を形成する。中国では古代五帝の一人、皇帝の堯《ぎょう》が混沌から大地を安定させる、すなわち「九つの地域の四隅がバラバラだった。女媧《じょか》がすべての色の石の火を浄化させ、黒い竜を退治した。彼女は天空の綻《ほころ》びを修復し、巨大な亀の足を切って四隅（四方）とした。それで人間は地上に住めるようになった」とされる。

日本では最初の男女神イザナキとイザナミが、不安定な混沌をかき混ぜて最初の島を造る。あるいは出雲《いずも》神話のオオクニヌシがスクナビコナノカミに手伝ってもらって大地を固定したのも、もう一つの事例かもしれない。不安定な大地という考え方はアイヌやシベリアにも見られるので、ウラル・アルタイ系で発達した思想と考えられる。一方、エジプトやヴェーダの事例を見ると、地中海からインドにかけては海の底から原初の丘が出現するという別の神話の流れが見いだせるようだ。

世界の形成には、太陽の隠匿と解放、それと関連して火の獲得（文化の獲得）、竜の退治、土地をその血液によって富ませる、あるいは塩水を排水して富ませるなどの所業も含まれる。その後に続くのが人間の創造と罪の始まりである。人間はさらに聖なる飲み物を必要とする。ギリシャやインドでは蜂蜜酒、インド・イランではソーマ、中東から地中海ではワイン、東アジアでは米や麦から作った酒である。英雄が聖なる飲み物の力によって竜を倒す力を得る場合もある。

宇宙と地面と光ができても、まだ世界は住むには適していなかった。人が住めるようになるためには、湿気あるいは原初の動物の汗、あるいは血液を得なければならなかった。

原初の大地はしばしば巨大な爬虫類（竜や蛇）の血液によって豊穣化された。そのもっとも典型的な例は、英雄がこれらの初期の怪物を倒すことである。怪物はしばしば竜として描かれ、一方、英雄は天神の子孫であることが多い。

ヴェーダにおいてインドラは三種類の竜を倒し、イランでのその対応者スラエータオナは三つ首の竜を倒す。また日本のスサノオは八岐大蛇《やまたのおろち》を倒す。中世ゲルマンの叙事詩の『ベーオウルフ』や『エッダ』のシグルド、ギリシャのヘラクレス（多頭の巨蛇ヒドラを倒す）などもこれに対応する。倒される怪物が牛の場合もある。エジプトでは太陽のラー神が毎晩、天を船に乗って回るときに闇の竜を倒す。メソポタミアのマルドゥクがアプスーを倒す話、中国の黒竜の話、ハワイの大トカゲ・モオを倒す話もこれに相当する。竜は自然の豊穣性を守っている、あるいは隠しているので、それを倒すのは豊穣の解放、大地の活性化と考えられる。

中国にも竜退治の事例は事欠かない。ポリネシアに蛇はいないが、聖なる木と竜の思想がニュージーランド・マオリなどに見られるのは、いわば神話的記憶ともいうべき現象である。また竜にはたいてい天敵がいる。蛇を食べる鷲はインドのヴェーダ、ナバホ、アステカ、マヤなどに見られる。太平洋の民話では、蛇がいない島では大鰻《おおうなぎ》やウツボの怪物が蟹の鋏にちょん切られるという話になる。日本の南島やフィリピンの民話では海底で蛇や大鰻が大地を支えているが、ときどき蟹が悪さをしてかれらを挟むのでもがいて地震が起こるという話があるが、これも同様の思想である。アウエハントの『鯰絵《なまずえ》』によると、地震鯰の原型は鰻ないし蛇である（後藤明『「物言う魚」たち：鰻・蛇の南島神話』）。

ここでの要点は、怪物を排除し、新しく現れた土地に人を住まわせることにある。しばしばそれは人間が出現する前に行われる。この話は冬至や夏至のように、太陽の運行と関連していたかもしれない（光や太陽の出現）。であるなら、竜の退治は続く太陽の解放や光の発生と密接に関連しているだろう。なぜなら、太陽と月、あるいは星が竜によって捕らえられ、あるいは竜に飲み込まれて世界は闇と氷の世界になったという話が各地に存在するからだ。

さらに竜退治のためにはしばしば名剣を鋳てもらう必要があるとされる。竜は剣で倒されるか、英雄が剣を作った鍛冶場《かじば》に逃げ、熱した鉄で倒される、という形になることが多い。これは鉄器文化の発達と関係しているだろう。

太陽の秩序化と光の獲得

次に、聖書の「光あれ！」を典型とする、光の出現が続く。これは広義には光の根源である太陽の秩序化とすることができる。神の命令によるのではないが、ポリネシア・マオリ族の天地分離型神話のように、堅く抱擁していた天と地を持ち上げたので光が差す、あるいはそれと同時に特に太陽や月、また天の川や星が生まれるといった話もこの範疇《はんちゅう》に含まれる。

天地創造のあと、天空神・ランギは地母神・パパの上に覆いかぶさっていた。その抱擁から子どもである神々、タネ、タンガロア、トゥなどの神々が生まれた。両親の抱擁に困った子どもたちは無理矢理二人を引き離そうとした。この企てに際して兄弟で意見が合わず、彼らは互いに争い、それが、雷鳴を始めとする自然現象を引き起した。しかしタネ神が逆立ちして足で天を押し上げて、結局、天地は分離された。すると闇（ポー）の中に光明が差し、昼が生まれた。しかし分かれた天地は互いに相手を思い、妻なる大地の溜息は霧となって天に昇り、夫である天の嘆きは涙の雨となって降り注いだ。

これと同じ線上に、隠された日光が現れる神話が日本の天の岩戸神話を筆頭として世界各地に見られる。

その一例に、太陽が箱や洞穴に入れられて地下に閉じこめられている場合がある。インドのヴェーダでは、明け方の太陽は美しい娘のウシャスとされる。最初ウシャスは洞穴に隠れたが、インドラが詩人や歌手アンギラスを伴ってそこに至り、歌い踊って大きな音を立てた。さらにインドラが塞がれていた岩を武器で打ち砕く。このように皆の協力によって岩は開き、最初の黎明が生じ、全世界を照らした。それは生命だけではなく、赤牛によって象徴される豊穣ももたらした。この儀礼は日食を意味するかもしれないが、冬至や新年のときの再生の儀礼とも考えられる。

ユーラシア大陸には似た話がたくさんある。アイヌ、コリヤーク、カムチャダールなどでは太陽が捕らえられてしまい、すべての神々や人間は寝過ぎて死んでしまったという。雲南《うんなん》のミャオ族では、二年間隠れてしまった太陽を呼びもどすために鶏がときの声を上げるという話があるが、この場合は、太陽が何の声だろうと思って東の山から顔を出すと夜が明ける。あるいは一〇の太陽のうち九つが弓で射られたので残った太陽が隠れてしまったという話もある(射日神話)。弓の話は南中国に多く、動物を使って太陽を探させる話はインドにある。アッサムでは隠れた太陽が鶏の声によって出てくる、あるいは隠れた娘を男がきれいな花で誘い、出てきたところを引っ張り出すという記紀神話によく似た話がある。

アフガニスタンを縦断する山脈の麓、ヒンズークシ地方の印欧語に属する神話では、巨人が太陽と月を捕まえてしまう話がある。太陽を救出しようとして神マンディは子どもに姿を変えて巨人の館に行く。マンディは巨人の養子にされるが、巨人が山羊狩りに出ている間は要塞に監禁される。要塞の扉は重かったが毎日すこしずつこじ開け、四日めには扉を蹴破ることができた。

マンディは太陽と月を救って馬に飛び乗った。馬が自分の右耳には剣が入っているというのでそれを取り出して全力で駆け出した。太陽の力によって世界が明るく暖かくなると、気づいた巨人が追いかけてきた。しかしマンディは手にした剣で巨人の首をはねた。ただそのあともマンディが太陽と月を握っていたので、最高神のイムラが太陽と月を天に放り投げた。その後、他の神々が人間を作り、また家、道具、穀物の作り方をその人間に教えた。

日本の話は力で太陽の束縛を解く印欧語族のパターンと、興味で引きつける東南アジアの話の中間のようである。音を立てて興味を引くのは東南アジアやインドに見られる形だが、性的な仕草や力ずくでひっぱりだすのは印欧に近いからだ。このように太陽の隠匿と捕獲はユーラシアにまたがって分布するローラシア型神話の典型である。おそらくユーラシアのインド・イラン語群が東西を繋ぎ連続させているのだろう。

このモチーフはアメリカ大陸では太陽が箱やバスケットに閉じこめられている話、地下の儀礼的な洞穴から出現する話として描かれる。南西部のズーニー族ではコヨーテが太陽を解放する役を果たす。

かつてこの世には太陽も月もなく暗かった。それで鷲とコヨーテが光を探しに出かけた。ある村につくと、そこの人々が二つの箱を持っていた。それを時々開けると光が差した。一つには太陽が、もう一つには月が入っていて、たくさん光が必要なときには太陽の入った箱を開けるのだった。それを見た鷲は箱を盗んで飛び去った。コヨーテは鷲を追いかけながら、自分に箱を持たせてくれと言った。鷲は聞かなかったが四度めには頷いた。誰かに四度頼まれたらその人の望みを叶えてやった方がいいからだ。コヨーテはわざと歩みを遅くして、追い越して行った鷲が見えなくなってから箱を開けた。箱には太陽と月が入っていた。鷲は両方を運ぶために一個の箱に入れていたのだ。開けると最初に月が、そして次に太陽が飛び出して天高く昇ってしまった。すると寒くなって草木が枯れてしまった。帰ってきた鷲は言った「君はなんて馬鹿なんだ。月も太陽もあんなに遠くに行ってしまったから寒くなったではないか」と。コヨーテの好奇心がなかったら冬はこなかったはずなのである。

北米中西部のチェロキー族では、太陽は最初熱すぎたので箱に閉じこめられたと語られる。あるいは娘が死んだので落ち込んでしまった太陽を、ダンスで元気を取り戻させるという日本神話を想起させる話もある。またチェロキーや南米各地には太陽の娘の赤い鳥が太陽の魂を閉じこめた箱をもっているという話があるが、これは韓国、日本あるいはインドネシアのボルネオ島ダヤク族の魂の箱を想起させる。この箱などに隠匿された太陽は、トリックスターによる何らかのトリックで姿を現す。

中南米のアステカ族では四番めの世界の破壊のあとで神々がテオティワカンに集まり、暗闇を廃止しようとした。彼らは精霊を呼び出して、精霊を炉に飛び込ませたが、するとその精霊が焼けて太陽になった。もう一人の精霊が飛び込むと灰におちて淡い月になった。太陽は言った。「我は血を求める、その色、そのかけがえのない物質を」。それで神々の評議会は太陽に生け贄を捧げることにした。こうして太陽は規則的に動くようになった。

四時代制神話と五つの太陽

現世の前に三つの時代があったとする「四時代」の話は西アジアからギリシャにかけて顕著だが、印欧語族にもっとも広範囲に広がっていた可能性がある。

ギリシャの四時代制は次のようである。まず創世神のクロノスが黄金の種族を創造する。彼らの暮す肥沃な土地には豊かな果実が実っていた。次にクロノスの孫にあたるゼウスが銀の種族を創造した。この種族は一〇〇年間を子どものままで過ごしたが、成人したあとはわずかしか生きられなかった。自然の恵みだけでは足らず、農耕を始めたが、無思慮でおごりが強く、貪欲で神々を奉らなかったので、ゼウスに地中に埋められてしまった。

そこでゼウスは青銅の種族を創造した。だが彼らは銀の種族よりもさらに傲慢で、武器を持って戦うことしか能がなかったので、ゼウスは大雨を降らせて地上から一掃した。次に英雄の種族と呼ばれる人々が現れた。彼らはまだ少しはましで、中には冒険を成功させて栄光に輝く者も現れた。しかし神をないがしろにする者もおり、結局テーバイ戦争やトロイア戦争を起こして自滅した。最後の鉄の種族は自ら墓穴を掘り、災いと自滅の道をたどっていった。このようにして、正義も徳も大切にせず、また人間たちが夜昼労役をしなければならない悲惨な時代が訪れた。この時代は今日まで続くとされる。

このような四時代制はゾロアスター教神学に由来する可能性がある。

ゾロアスター教では世界は一万二〇〇〇年続くとされる。最初の時代は善き宗教がゾロアスターによって啓示された黄金時代、次に彼の保護者である王が彼の宗教を受け入れた銀の時代、そしてササン朝ペルシャ期に相当する鋼《はがね》の時代、さらには宗教が衰退する鉄の

時代／地域	ギリシャ	ペルシャ	インド	北米ナバホ族
第一期	黄金の時代（肥沃で豊かな時代）	黄金時代（ゾロアスターに啓示された時代）	黄金の時代（サトゥヴァないし女神の時代、瞑想の時代）	地下の第一世界（虫族が喧嘩をしたので神が大洪水を起こす。人々は空の次の世界に移動）
第二期	銀の時代（農耕の開始、人々は強欲で神を奉らず。地中に埋められ滅ぶ）	銀の時代（ゾロアスターの保護者の王が宗教を受け入れた時代）	活力と供犠の時代（自然が潤い作物が豊かで神への供犠が行われた。しかし怠惰、嫉妬、憎しみが生まれる）	第二世界（燕族と虫族の共存。しかしトラブルのため虫族が追放される。空にある次の世界に移動）
第三期	青銅の時代（傲慢で武器を持つ人間。大雨で滅ぶ）	鋼の時代（ササン朝ペルシャの時代）	知恵の時代（聖人が現れ人々に過ちを悟らせる。しかし永遠の知恵が支えを失う）	第三世界（虫族は地中に暮らすバッタ族を発見。虫族の暴行事件で追放され、西にある次の世界に到達）
第四期	英雄の時代（冒険や英雄が生まれたが、神をないがしろにし、戦争を起こし自滅）	鉄の時代（宗教が衰退する時代）	暗黒の時代（支えを失った人々は闇の中をさまよい、争い、聖人にも手をかける）	第四世界（太陽・月・星もない。世界を探りに出た蝉が農作業するプエブロ族を発見。争いが起こり洪水。最初の男女が次の世界に到達）
第五期／世界破滅	鉄の時代（正義も徳も大事にしない、災いと自滅の時代で現代に続く）	世界は破滅し、流星群が現れ、真の救世主が誕生する	前の時代に生き残った少数の知恵者によって再び黄金の時代が来ると信じられる	第五世界（太陽や月が存在。洪水で濡れていた大地も乾き、現在の世界となる）

世界各地の「四時代」

時代である。悪が敗北するのもこの時代である。善と悪との闘争は果てしなく続く。この後、世界は一度破滅するが、最後に流星群が天空に現れ、真の救世主の誕生を知らせる。そして一〇〇〇年ごとに三人の救世主が現れ、最終的には悪が滅び、魂と、肉体あるいは物質との完全な合一が果たされる。おそらくこのゾロアスター教における連続する世界の破壊と再生の思想も、中東からギリシャにかけての基本的な宗教観の一環であろう。

またインドでも四時代にわたる創造の物語が知られている。最初は黄金の時代であるサトヴァないし女神の時代、あるいは瞑想の時代で、四〇〇〇年続いたこの黄金の時代には人間は男女ペアで生まれていた。彼らは働く必要もなく生活を楽しんだ。気候もよく家すら要らなかった。悲しみも一切なかった。

次の活力と供犠の時代である第二期には、水が蒸気となり初めて雲を生み出した。雲は雨を降らせ木々が生い茂った。木々は人々に木材や果実を提供し、神への供犠が行われた。この時代が三〇〇〇年続く間に人間はしだいに怠惰になっていった。嫉妬や憎しみが生まれ、家に住み始めると所有欲が出てきた。盗みや殺しも起こるようになった。ブラフマーは人々を律するために戦士を創った。この時代は混乱とともに終わった。

続く時代は知恵の時代であり、第三期二〇〇〇年の間にはヴィヤーサという聖人が現れた。その教えによって人々はしだいに過ちを悟り始め、悟りを開くようになった。だが四つ脚の台に載っていた永遠の智恵ダルマは一期ごとにその支えを失い、暗黒の時代と言われる第四期には拠って立つ物が何もなくなってしまった。この時代は闇の時代であり、人々は闇の中をさまよい、争い合い、あげく聖人すら手にかけるようになった。しかしこの時代でもごくわずかな知恵者が生き残り、数百年後には再び黄金の時代が到来するだろうと言われる。

さらにアイルランドのケルト神話『トァン・マッカラルの話』では、四回にわたって異なった民族が植民したと語られる。最初に来た二四組の男女の子孫は五〇〇〇年の間栄えたが、あるとき災厄に襲われてみな死に絶えてしまう。たった一人生き残ったのがトァン・マッカラルだが、彼はさまざまな動物に変身、あるいは輪廻転生を繰り返し、続く三回の植民の時代を生き抜き、この物語を語ることになる。この繰り返される植民の事例も四時代制神話と同列の思想と言えるだろう。

四時代制の思想はシベリアからアメリカ大陸まで広がっている。旧大陸の四時代制神話はどちらかというと人類の堕落過程だが、アメリカ大陸ではむしろ進化ないし向上的過程として描かれる。

北米のホピ族では世界が洪水や火によって四回滅ぼされてきたことが、一方ナバホ族ではこれとは異なり五時代制が語られる。これは出現神話と言えるものでもあり、まず暗い一番目の世界、つまり地下世界から始まる。はじめこの世界の上にはドーム状の世界があり、その上に世界が重なっていた。一番目の世界は無限の海に浮かぶ島で、そこには虫族が住んでいた。だが彼らは喧嘩好きだったので、神が大洪水を起こして強制退去させた。一部の虫族は空へ飛び、東の空に開いていた穴を通って青い第二世界へと入っていった。第二世界にはツバメ族の人々が暮らしていた。虫族はツバメ族と一緒に暮らすことになったが、両者の間にトラブルが起こり、虫族は追放された。虫族は第二世界のてっぺんまで飛び、そこで風に教えられて南にある黄色い第三世界の入り口を見つけることができた。

第三世界では虫族は地中に暮らすバッタ族を発見した。一時は仲良く暮らしたが、また虫族は乱暴をはたらいたので、立ち去るように命じられた。虫族は西に開いた入り口にたどり着き、黒と白の第四世界に到達した。

第四世界には太陽も月も星も、そして昼も夜もなかった。世界を探りに出かけた蟬が北で農作業をする人間を見つけた。これがプエブロ族の人々であった。彼らは虫たちに好意的で食料まで提供してくれた。その後、神々がこの世界に他の人間を創造した。人間たちは農作業をしたり、また争ったりしていたが最後に洪水が起こり、最初の男女が空の出口から第五世界に入ることができたので、他の者もそれに続いた。

第五世界では太陽や月が創られていた。第五世界は第四世界から漏れてきた水によって洪水状態だったが、太陽の熱と風の神が送る風でしだいに世界は乾いていった。これが、今われわれが住む世界である。

メキシコのアステカの人々も、この世が始まる前には別の世界があったと信じている。アステカによると今の世界は五番めに創造されたもので、それ以前に四つの時代があった。それは四つの太陽という表現で語られる。テスカトリポカとケツァルコアトルは四つの時代のすべてに登場し、度重なる創造と破壊もこの二人が宇宙で戦いを繰り広げる結果なのだとされる。四つの時代はマヤの『ポポル・ヴフ』にも描かれている。

このように新旧大陸には四ないし五世代にわたって世界が形成・破滅を繰り返し、その結果として現在に至ったというストーリーラインをもった神話が広がっている。

神々の数世代、人間の誕生と堕落、世界の破局

ローラシア型神話では天地創造と最初の男女神の誕生から次々に神々が生まれ、神々の間にも数世代が続き、その中に複雑な系譜関係が形成される。このような、ギリシャや北欧、ケルト神話などにおける神々の世代と日本神話のそれとの類似はすでに大林太良《おおばやしたりよう》が『神話の系譜：日本神話の源流をさぐる』などで指摘している。

日本神話の神々の数世代に関しては、やや曖昧であるがと断りつつ、ヴィツェルはその世代を次のように整理する。

（一）神魯企之命《カムロギノミコト》と神魯美之命《カムロミノミコト》がおそらく原初の天地の神である。この二柱は記紀神話には登場しないが、「大祓《オオハラエ》」「大殿祭《オオトノホガイ》」「大嘗祭《オオニエノマツリ》」など重要な祝詞の冒頭に唱えられる神のペアの候補となる。また記紀神話ではタカミムスビとカミムスビが原初の海をかき混ぜるので原初のペアと言えるかもしれない。

（二）次に誕生するのがイザナキとイザナミだが、彼らは再び海をかき混ぜ、アマテラス、ツキヨミ、スサノオらを輩出する。

（三）スサノオとアマテラスが六人の男女神を創る。

（四）天孫降臨したニニギノミコト（アマテラスの孫）の子ども、ホオリノミコト（山幸彦《やまさちひこ》）が海神の娘と結婚し、地と海の利用秩序を生み出す。またこの神々が天皇家へとつながっていく。次に続くべき神々の闘争はあまり激しくはなく、また連続して起こるというよりは同時進行的でもあるが、強いて言えば天津《あまつ》神《かみ》と国津《くにつ》神《かみ》の間の争いがそれに当たる。

（五）その結果、移行的な存在である神武《じんむ》天皇を生む。ただし日本バージョンでは闘争相手の巨人が欠如している。その可能性があるのは出雲の神々であろう。

以上がヴィッェルの整理だが、（一）で登場する神々は、いわば何らかの自然の「原理」のような存在で無性的な神々なので、素直にイザナキとイザナミを最初の男女ペアとして問題ないのではないか、と私は考える。

続いて現在の神が前任者を打ち負かす、あるいは殺すという神々の闘争が起こる。これは北欧神話のアース神族とヴァン神族の闘争、あるいはギリシャのタイタン神族とオリンポス神族との闘争である。ゲルマン神話のアースとヴァンの対立、インドのアシュラとデーヴァの対立も同様であろう。

興味深いのは、闘争する神々がしばしばイトコのような関係にあることだ。タイタンとオリンポス神族がそうであるし、ゲルマン神話の事例もこれにあたる。日本神話で大和と出雲の神々の間に闘争を見るとすれば、高天原の神アマテラス、それに国を譲った出雲のオオクニヌシは、アマテラスの弟スサノヲの子孫であることを思い出そう。このように天神と地母神の子孫、すなわちイトコの神々の間の争いはローラシア型神話に深く埋め込まれている。これはゴンドワナ型神話には見られない重要な違いである。

さてこのあと、神あるいは半神半人の末裔としての人間の誕生が続く。しかし、しばしば初期の人間は不完全だったり傲慢だったりして、神々は再び創造に関与せざるを得なくなる。また原初の人間はパラダイスに住んでいたが、過ちを犯してエデンの園から追放され、厳しい労働なしでは食料を得られなくなる。また過ちを犯したことにより、年老いて死ぬ運命となる。

ただし、死の起源についても次に見るようにゴンドワナ型神話からの継承された要素が少なくない。

付随するテーマとして、死の起源と関連して死んだ妻を他界から連れ戻す話、すなわちオルフェウス型神話が各地に見られる。さらに傲慢が過ぎると罰、とくに洪水、ときには火の雨によってほとんどの人間が成敗される。

人間の親となる神はペルシャのように近親相姦が奨励される場合もあるが、インドではそれが許されず、マヌ神がバターから自分に似せて妻を造る。日本神話でもアマテラスとスサノオは交合ではなく、誓《うけい》によって子孫を造る。アイヌでは火之神が人間の祖先とされる。火之神は他の印欧の神と同じく、人間の願いを神に届ける。太陽の子孫の話は中南米でも色濃く見られる。また始祖となった神の兄弟はしばしば死ぬ運命にある。ローマ神話のレムス、ゲルマン神話のユミール、インド・イランのヤマ、聖書のアベル、日本神話では神武の兄イツセがそうである。

人間に連なる神々は多くの場合、太陽神の子孫とされる。しばしば直接に天、とくに太陽の子孫として人間が誕生し、一族を形成する。日本の天津神の系譜である天皇家の誕生が典型的である。またインド神話でも、太陽神の三世代目が地上を支配するようになる。その神は美しい妖精と結婚するが、これはニニギノミコトがコノハナサクヤビメをめとるのと似ている。

さらなる類似は、天から下る神がカーペットや毛布にくるまれていることである。日本の天皇の戴冠式である即位の礼では今でも後継者が布団にくるまれる。山に降臨する例は他に朝鮮やアルタイ系の神話にあるが、忘れてならないのはインドではマヌの乗った船が大洪水のあとに山に触れてからその山を降りてくることである。日本神話では洪水は出てこないが、ニニギは岩舟で下るとある。そしてニニギは山に触れてから地上に降りてくる。また出雲神話で天から下るイツノオハバリノカミは天《あま》の安川《やすかわ》をせき止めていた神である。この神も岩舟に乗って降臨する。

『金枝篇《きんしへん》』を書いたジェームズ・フレーザーは、太陽信仰は文明社会に多く見られると指摘しているが、社会が進化すると、太陽神の系譜は王族や貴族に限られてくる。ゴンドワナ型神話群にも表面的に似た天神の子孫の話はあるが、明確に太陽神とされるものはない。人間は最高神の直接の子孫というわけではなく、神かトーテムによって創造されるのが普通である。

さらにローラシア型神話では、人間の出現から土地のシャーマン、あるいはのちの貴族の出現へと続くのが一般的である。ここでは英雄やシャーマンあるいは妖精が出現し、火や食料、さまざまな技術や作物をもたらす。それに伴って儀礼の始まり、人間の拡散、貴族一族の誕生、地域史の始まりが語られる。すなわち神や人間のために最初の火を盗む話、シャーマンのような存在の出現、儀礼や供犠の起源、聖なる飲み物の起源、人間社会そのものの確立などだが、それには相互的な交換、同意、結婚の制度などが伴う。

そしてローラシア型神話は、最終的な世界の破滅を語る黙示録をしばしば伝える。破局の原因は氷河期、地下世界(暗黒)、洪水、火の雨などとされる。この世界の破滅のモチーフが四ないし五時代制神話に取り入れられると、破滅のたびに世界が作り直されることになる。

ゾロアスター、インド、ゲルマン、エジプトなどでは破壊はローラシア型神話の最後の所行となっている。洪水による破壊はギリシャやメソポタミア、聖書、ポリネシアでは人間への罰として起こる。これに対して、何度も破滅が起こるのが中米や後期インド神話である。これは創造の試みが失敗したために起こる。連続した世界の破壊は中国少数民族のいくつかにも見られるので、この種の神話はアジア起源ではないかと思われる。中米やインカのシェーマは、その基層にあるローラシア型神話における連続する創造と破壊の説明がよく保存されたものと理解できる。

フレーザーの『洪水伝説』などに示されているとおり、洪水神話が世界各地に広がっていることは古くから知られていた。原罪と結びつくことが多いので、洪水神話はローラシア型神話の要素とも思える。また宣教師の影響によって世界各地で語られるようになった可能性も否定できない。しかしアフリカやオーストラリアにも洪水神話を見出すことができる。また拙著『「物言う魚」たち：鰻・蛇の南島神話』などでも論じたように、洪水や津波が起こったので家を甲板の上に建て、一族や家畜、作物とともに移住したという物語はまさにポリネシア人がダブルカヌーで太平洋各地に移住した事実と一致する。それゆえすべてを聖書の「ノアの方舟」由来とすることはできない。

では基本的にはローラシア型である日本神話における洪水モチーフはどこに見出せるのだろうか。まず思いつくのは創世神話冒頭、イザナキ・イザナミが見下ろしていた海である。これは世界の神話において天地創造の冒頭に見られる原初大海の思想の表現であろう。しかしここで論じているのは原罰的な意味での洪水である。この原罰の欠如は、あるいは日本神話の特徴といえるかもしれない。

一方、海幸・山幸神話の最後には、海神宮《わだつみのみや》から戻った山幸が海幸に対して潮盈珠《しおみつたま》と潮《しお》乾珠《ひるたま》の力で洪水を起こす話がある。これは東南アジアなどに見られる天地（この場合は海と山）の神々の闘争に伴う洪水といえるのではないだろうか。しかもこの「洪水」の結果が、世界の洪水神話の結末と同様に現生人類の誕生や王権の確立につながっている。日本では山幸は天皇家の始祖であり、一方、海幸はそれに服属する隼人《はやと》族の始祖となるからである。

したがって洪水神話は、内陸や山間民族も含め、人類に最も共通する神話モチーフであることから、ゴンドワナ型神話群、あるいはヴィツェルのいうように、それよりもさらに古いパンゲア型神話に由来すると考えるべきかもしれない。

ローラシア型神話の意味

ローラシア型神話群は狩猟採集民、農耕民、牧畜民、文明社会、初期国家など広範な社会に共有されており、特定の民族集団や生活形態、あるいは経済体系からは説明されない。またパンゲア型やゴンドワナ型神話と違ってストーリーラインがあることが特徴である。では、その内部的論理や意味は何だろうか？

地上における誕生から成長、そして死にいたるというローラシア型神話のストーリーラインは人間の成長と死と対比的である。またそれは、人間の現状を説明する手段、すなわち「なぜわれわれはここにいるのか」に象徴的に答えようとするものである。これはゴーギャンの「われわれはどこから来たのか、われわれは何者か、われわれはどこへ行くのか？」という問い、あるいはカントの「私は何を知ることが出来るのか、私は何をなすべきか、私は何を望むべきか？」という問いに対する回答である。また死後の世界についてもポジティブな答えを表現するものである。

文化や言語を超えてローラシア型神話が共有されるのは以下の理由による。（一）ストーリーライン自体が面白く、思い出して語り直すことによって、洗練されやすい。（二）人類共通の経験に基づいている。これは何らかの、人類の共通の脳の構造とも関連するかもしれないが、そのために翻訳が容易で理解しやすく、われわれの周りの世界に適応させやすい。（三）人間の状態と世界の状態の説明を提供する。そのため、しばしば王権や国家権力の正統性の説明に使われる。これこそが、ローラシア型神話が時代を超えて繰り返し語られる理由である。

ローラシア型神話のもう一つの特徴は、神々の関係も天体などの関係も、親族関係をモデルにして整理されている点だろう。神々もまた人間と同じような喜怒哀楽、嫉妬などの感情を持つ。また目指すべきは単なる個人の幸福ではなく、世代を超えて社会的契約に合致する原理、具体的には、子供の産出、食料や富の集積、名誉の完遂などである。それをなしとげた者の名前は長く語り継がれることになる。

このように、ローラシア型神話は宇宙と人間社会の動きを一貫した秩序ある、調和した方法で描く。その背景には共通の、潜在的でポジティブな、秩序立てる力が働いている。ただこれは個人では制御できない力であり、個人のためではなく社会の調和のために働く。その力の更新は決まった季節や時期に大々的な供物を伴ってなされる。狩猟採集民社会では社会の調和は共食などによって実現される。しかし時には狩猟のリーダーやシャーマンなど、特殊な能力の人物が現れる。農耕社会になると社会に不平等が生まれ、神々の系譜は特定の集団にしか許されないようになる。同時に言葉の威力が増してくる。

ローラシア型神話の現代的な意義

日本のアニメやゲームのキャラクターやアイテムがローラシア型神話、たとえばケルト神話から名称と性格を借用していることはよく知られている。たとえばピクシーやデュラハンなどのキャラクターはケルトの妖精や神の名前に由来する。また光の剣クラウ・ソラスなどのアイテムもケルト起源である。マビノギというゲームの名前はケルト系の吟遊詩人が謡う歌のカテゴリーのことである。だがローラシア型神話の現代的意義は、このような要素的なもの、あるいは名称の借用にとどまらない。

ローラシア型神話の説明力は、複雑に編まれた物語の論理的構造に依存する。話の森であるゴンドワナ型神話とはちがい、ローラシア型神話は個人の心理的な経験や、部族の記憶と想像力を表現する。そしてそれは慣習や規則や信仰を正当化する。

またローラシア型神話はストーリーの繋がりをその特徴とする。このストーリーラインは今日まで維持されるほどに強固で、ハリウッドの冒険映画にも同じラインをたどれるほどである。たとえば『スター・ウォーズ』は神話学者ジョセフ・キャンベルによると、神話、とくに英雄神話論を参照していると言われる。

また『指輪物語』、むしろ近年では『ロード・オブ・ザ・リング』を書いたことで有名なJ・トールキンはローラシア型神話、とくに北欧やケルトの神話を参照している。トールキンは南アフリカ生まれのイギリス人で、れっきとしたオックスフォード大学の教授であった人物である。

この物語の鍵になるアイテムは指輪である。指輪の持つ超自然的な力によって支配する魔法使いや王というアイデア、あるいは指輪には善悪どちらにもなりうる強大な力が秘められているという考え方は、ヨーロッパの古層文化に広く見られる思想である。小さな指輪を巡って戦乱が起こるという展開は、ローマ帝国の崩壊という史実を意識していた可能性がある。扇動政治家《デマゴーグ》として知られるドルススと元元老院議長のカエピオの間で指輪の所有権をめぐって口論となったことが、同盟都市同士の戦争へとつながり、結局大ローマ帝国が滅んでしまったのである。またこの指輪のイメージには錬金術の伝説や東洋チベットの叙事詩、リン国の英雄ケサルの影響も指摘されている。しかしもっとも近いのは北欧の叙事詩『ヴォルスンガ・サガ』であるようだ。

物語の舞台である「中つ国」は明らかに北欧・ヴァイキング神話に由来する。トールキンは「中つ国」をヨーロッパと同じくらいの大きさにイメージして、裂け谷やホビット庄は自身のいるオックスフォード、ゴンドールはローマの辺りと想定していたようである。そして二つに分裂した人間の国も東西ローマ帝国をモデルとしていたらしい。その帝国を再興するために強大な敵と戦うアラゴルンの姿には、神聖ローマ帝国を興したカール大帝をモデルにしたシャルルマーニュ伝説の影響も見ることができる。トールキンは「物語の展開は、ローマを首都として神聖ローマ帝国が再建された史実に、きわめて似通った場面で終わります」と手紙で述べている。たしかにシャルルマーニュ伝説でも指輪のもつ魔力が鍵となって物語が展開する。

さらに、主人公である「帰還する王」アラゴルンにはアーサー王、あるいは中世ドイツの騎士物語『ニーベルンゲンの歌』のジークフリートが部分的に重ね合わされている。折れた剣を鍛え直す場面、竜との戦いなどもこれらの神話に頻出するテーマである。そして悪の化身サウロンの目は、アイルランドの四期植民神話に出てくるフォモール族の王バロールをモデルにしたのではないかと思われる。バロールは一つ目の巨人で、普段は四人がかりでなければ持ち上げられない重たい瞼を閉じているが、いったん戦いとなるとこの目が開き、そこから発する光で敵をにらみ殺す。同じような邪悪な目はアーサー王物語でも繰り返し現れる。

またアラゴルンと旅をして彼に合力するエルフやドワーフもウェールズ系のケルト神話テキスト『ハーゲストの赤い本《レッドブック》』中の『マビノギオン』、あるいは北欧神話に由来する。なお、主人公とユニークなお供たちが旅をするのは日本の桃太郎や中国の『西遊記』も同様であることはカレワラ神話と日本の神話を比較した小泉保《こいずみたもつ》などによって指摘されている。アーサー王物語で王を助けるマーリンの如く主人公の英雄的旅を陰に日向に助ける魔法使い（ガンダルフ）、また『西遊記』の観音菩薩のように姿を現さず背後で主人公を見守る女神（光の女王）などのモデルもケルトや北欧神話に枚挙にいとまがない。

ローラシア型神話とは

ローラシア型神話群は、本来の意味における人類最古の「物語」である。ローラシア型神話の基本構造が繰り返し今日まで再生されるのは、その基本的なストーリーラインに今日でもわれわれに訴えるものがあるからである。不思議なことに、言語や文化あるいは経済形態を超えて現代を生きる人類の心に響くのは、何らかの意味において人類に内在的ななにものかにその源を発しているからだ。だからこそ悪用される危険性もあるのだ。

日本神話が戦前、軍国主義教育に利用されたことは周知の事実である。また朝鮮半島や南方の神話との類縁性が日本民族を中心とした同根説の証拠として大東亜共栄圏の根拠とされた。その反動で、日本では戦後、神話を研究することがタブーとなった不幸な時代があった。神話や民話研究はけっして政治と無関係でない。戦前、日本が中国大陸や朝鮮半島に侵略を画策していたとき、七福神の船に桃太郎と家来の動物たちが乗り込み、侵略の地へ鬼退治に出向く挿絵などが教育用に描かれたことがあることを忘れてはならない。

ところが最近「美しい日本」という標語のもと、天孫降臨神話や神武《じんむ》東征《とうせい》を歴史的事実とし、教育の中で復活させようという動きがある。私は神話や民話は、一種の口頭伝承的な民族誌であり、民族移動や古代の思考についての豊かな資料として読もうと思っている。たしかに歴史的な事実も幾分かは、あくまでも象徴的にだが表現されているとは思う。しかしそれをあたかも厳密な意味における事実であるかのように権力者が都合良く使い始めると悲劇が起こる。それはむしろ神話から本来の魅力と美しさを剝奪する行為、神話の豊かさを最も冒瀆する行為である。本書で私はそのような動きには与《くみ》しないことを明記しておく。

ヴィツェルは、ナチスドイツやロシア革命のイデオロギーにもローラシア型のストーリーラインが見いだせるという。彼はそれ以上詳しく説明していないが、おそらく最初は不遇であった英雄が苦難を堪え忍び、最後には過去の体制を打ち破って世界を再生させる、といった現体制の正当性を語る神話につながるということだろう。

この点で面白いのが石塚正英《いしづかまさひで》氏の書いた『「白雪姫」とフェティシュ信仰』である。「赤ずきん」や「白雪姫」が北欧の神話的要素やキリスト教民俗を取り込んだ童話であることはよく知られている。ワイマール共和国時代には、それまでは削除されていた、これらの童話の野蛮で残酷な部分が再度取り入れられて子供世代の教育に活用されたという。ヒトラー青年運動の指導者が編集した『若い民族』という児童向けのナチス文学書は闘争を理想化し、権力を賞賛し、向こうみずな勇気と神秘主義に力点を置く童話集だが、それは一面においてはこのようなグリム童話の側面を強調したものだったのだ。

さらにドイツ文学者野村泫《のむらひろし》氏によると、ナチスはグリムの昔話を大いに利用し、赤ずきんの話に出てくる悪い狼はユダヤ人で、赤ずきんは哀れなドイツ国民、そして赤ずきんを救い出す猟師は国民を解放するヒトラーである、という。

ヒトラーは、リヒャルト・ワーグナーの楽劇『ニーベルンゲンの指環』を好んでいたといわれる。その主人公はゲルマン神話の英雄ジークフリートである。「強者は単独で最も強い」と主張するヒトラーの『わが闘争』を読むとき、神話の英雄に自らを擬《なぞら》えていた、という感覚をもつのは私だけだろうか。

トールキンが『指輪物語』を書いたのは、ナチスドイツが台頭し、第二次世界大戦が始まった時代であった。ドイツ系の血を引く彼は公的には認めなかったが、ヒトラーに対する怒りを物語に込めていたらしい。また大戦後、原子爆弾の使用にも警鐘をならす手紙を息子にあてて書いていた。「われわれはサウロンを指輪によって征服しようとしているのだ。そしてわれわれは、それを成し遂げるだろう(と思われる)。だがその報いは、お前にもいずれわかるが、新しいサウロンを生み出し、人間とエルフをすこしずつオークに変えてしまうということだ」。

それが正しいなら、ナチスも戦前の日本も、ともにローラシア型神話を基礎にした物語を紡ぎ出したことになる。われわれは、神話は使い方を間違うと諸刃の剣、あるいはまさに「指輪」になることをこうした歴史から学ぶ必要がある。

第五章　世界神話学の中の日本神話

日本神話の系譜

日本人の起源と相まって、日本神話の系譜には長い研究の歴史がある。思い切って単純化すると、島生み、作物起源、死の起源などに関する基層的な神話は中国南部、東南アジアあるいはオセアニアなどに類例を辿ることができる。一方、天孫降臨《てんそんこうりん》など支配階級に繋がる神話は朝鮮半島から中央アジアの方に連なる内容を持っている。また神話細部の要素ではなく、その骨組みあるいは構造を比較すると、ゲルマンを始め印欧語族の神話にも共通性が見つかることが神話学者の大林太良や吉田《よしだ》敦彦《あつひこ》によって指摘されてきた。

フランスの神話学者ジョルジュ・デュメジルが提示した、三機能体系という考え方がある。これはゲルマン神話におけるオーディン、トールおよびフレイの三神が古代ゲルマン人の思想において、異なった三つの役割を持ち、それぞれを象徴する三種類の神具、三種の神器をもっていることに由来する。それぞれの役割はオーディンが王権、トールが軍事、フレイが豊穣である。オーディンの宝は自ら増える黄金の輪、トールは必ず的に命中する槍、フレイはこの世を明るく照らしながら目にも留まらぬ速さで駆け抜ける牝豚であった。

ケルトの神話でも三人の神に聖王の印である石、無敵の武器、および無尽蔵に食物を出す釜、という三種の神器が存在する。同じような構造はスキタイ、古代ローマあるいは高句麗の神話にも見いだすことができる。そして日本では、アマテラス（王権と統治）、スサノオ（軍事）、そしてオオクニヌシノミコト（豊穣と生産）がその三機能を司り、三種の神器、すなわち鏡、太刀（草薙《くさなぎ》の剣）および勾玉《まがたま》がそれに対応する。

また日本の神々は天津神と国津神という二大神族に分かれていた。三機能との関係でいうと天津神は祭祀と軍事を司り、一方、国津神は生産者的な土地神の様相をもっている。印欧神話においても第一と第二機能を持つ神々と第三機能を持つ神々は最初対立していたが、最後には和解する。そして両者相まってひとつの神界を形成する。たとえばゲルマン神話におけるアース神族とヴァン神族の抗争と和解、あるいはローマ神話におけるローマとサビニとの抗争・和解の筋書きなどがそうである。抗争の過程においても最初は第三機能集団の方が優勢だが、次の段階では形勢が逆転する。日本神話では刀剣の神タケミカヅチが天から派遣され、その活躍によって形勢が逆転し、ついにオオクニヌシは国譲りに同意する。

さらにその過程のサブテーマにも一致が見られる。日本神話ではアメノワカヒコはオオクニヌシの女《むすめ》をめとり、高天原への忠誠心を失ってしまう。北欧神話ではファニールの側が黄金の密酒の力によって敵のアース神族の女たちを堕落させてしまう。ローマ神話では

神話モチーフ	日本神話	世界の比較事例
世界の出現(天地開闢)	天と地の間に成り出る神々三神。次いで国土が固まらない状態で漂っているときに泥沼から葦の芽が萌え上がるように出現した五神(『古事記』)。天と地が未分離、陰と陽が未分離、混沌としていて鶏卵のようだった(『日本書紀』)	中国『荘子』の混沌の概念、『三五歴紀』では原初には天地が混じり合って鶏卵のようだった。インドの『シャタパタ=ブラーフマナ』では世界は水ばかりで欲望によって黄金の卵を生じた。アッカドの『エヌマ=エリシュ』では真水の男神と塩水の女神が混じり合うと神々が生まれでた
原初大海の男女	オノゴロ島に降臨したイザナキ・イザナミ	洪水や高波、あるいはその象徴である大蛇や竜の攻撃から逃れ、しばしば舟にのって水面に出た山頂などに逃れた兄妹や母子(東南アジアやパプア・ニューギニア)
最初の島の形成	アマノヌホコを海に挿して、落ちた滴がオノゴロ島	マウイ神が海底を釣り上げたのが島(ポリネシア)
島生み	イザナミが八洲を生む	女神パパがハワイ八島を生む(ハワイ)
最初の出会い	柱の周りを男女逆方向に回って出会う	中国南西部の少数民族の男女が柱を逆に回る歌垣風習
最初の性交	男女が互いの凹凸を知って、交わる	ヤドカリ、海鳥、バッタ、ジュゴン等の交尾から知る(沖縄) フクロウの交尾から知る(アイヌ)。サシバの交尾や女神の女陰に止まった蝿から秘密を知る(台湾先住民)。ヘビの交尾から知る(アフリカのガーナ)
火の起源	女神が火の神を出産(女陰が焼けて死ぬ)	女が体内に火を宿す、火と一緒にヒクイドリやコウノトリを生む(ニューギニア・マリンド=アニム族)。姉が股間に火を隠し料理、しかし妹に発覚(メラネシア・トロブリアンド諸島)。釣り上げられ妻とされた女が腹に火を隠し調理していたが、義理の弟に脅迫され産道から火の玉が転がり出る(南米・ガイアナ)
神々の闘争	天津神と国津神の(比較的平和的な)争い	北欧神話のアース神族とヴァン神族、ギリシャ神話のオリンポス神族とタイタン神族、インド神話のデーヴァ神族とアシュラ神族、など
竜の退治	スサノオのヤマタノオロチ退治	イラン神話のアジ=ダカーハ(三頭・三口・六眼の大蛇)と英雄スラエータオナの退治。ポリネシアのマウイ神の大鰻ないしウツボ神トゥナの退治。ゲルマン神話のベーオウルフの大蛇倒し(相打ち)。ジークフリートの悪竜倒し
洪水	(大洪水ではないが)海神宮から戻った山幸彦が潮盈珠・潮乾珠の力で洪水を起こし海幸彦を屈服させる。このことが天皇(神武天皇)と人間(隼人)の出現として歴史に連続する	原初洪水型(原初世界は水に覆われていた。インドネシアに多い。日本神話冒頭?)。宇宙闘争型(上界の神と下界の神が争い洪水が起こる。東南アジア大陸などに見られる)。宇宙洪水型(何らかの誤りで天などにせき止められていた水があふれる、山などに逃げた者があらたな人類の始祖となる。東南アジア大陸から島嶼部、台湾など)。神罰洪水型(至高神が人間を罰するために洪水を起こす。インド、ベトナム、中国南西部少数民族、インドネシアなど)

日本神話と世界各地の神話の比較表

サビニの側が黄金と宝石の魅力によってローマの女たちを惑わせている。

また次に見る海幸・山幸神話の結末、日本の最初の天皇の神武が誕生する。神武は山幸と海神の娘豊玉姫《トヨタマヒメ》の子どもである鸕葺草葺不合命《ウガヤフキアエズノミコト》と、豊玉姫の妹玉依姫《タマヨリヒメ》との間にできた子どもである。つまり神武は父親とその叔母との間に生まれた子どもなのである。同じような構造は日本ではヤマトタケルノミコトにも適用できるし、海外ではサクソン族など印欧語族にも見出せる。これは前王の未亡人である義母と英雄が結婚して新しい王権を作るという、広く知られた構造にも通ずるのかもしれない。

さてこのように多方面に類縁性を持つ日本神話、あるいは民話は、世界神話学説的にはどのように分析されるのだろうか。釣針喪失譚のような基層神話とローラシア型神話の典型である天孫降臨型神話の結合であり、さらには神代と人間の歴史の結節点でもある海幸・山幸神話を題材にこの問題について考えてみよう。

海幸・山幸神話の遺伝子

日本神話の海幸・山幸型神話は異境訪問譚、異類婚、メリュジーヌなどさまざまなモチーフの複合であることはよく知られている。とくにその中で中核をなす、釣針をなくす件は「釣針喪失譚」として知られる。インドネシアやミクロネシアの事例と類似していることとは、古くから注目されてきた。

海を支配する兄の海幸彦（ホデリノミコト）、山を支配する弟の山幸彦（ホオリノミコト）兄弟がいた。ある日、弟は道具を交換することを提案し、兄の釣針を借りて漁に出たが、釣針を魚に取られてしまう。山幸彦が剣を鋳つぶして一〇〇〇本の釣針を作って返すと言っても海幸彦は許してくれない。山幸彦が海岸で途方にくれていると、通りかかったのが海の神・塩土神《しおつちのかみ》であった。彼が差し出した舟に乗って、山幸彦は海の彼方の国へ行く。

その国の入口で様子を窺っていると若い娘が来た。山幸彦はとっさに木の上に登って隠れた。娘が水を汲もうとして泉を覗くと、木の上にいる凛々《りり》しい男子の顔が水面に映っていた。海神の侍女である娘が驚いて神に報告した。こうして山幸彦は海神・綿津見神《わたつみのかみ》とその娘・豊玉姫と巡り会った。

山幸彦は海神宮で歓迎をうけ、海神の配下の鯛の喉に引っかかっていた釣針も返してもらい、帰途につく。豊玉姫は地上に帰ったら意地悪な兄を懲らしめる呪術を教えた。八尋《やひろ》の鰐《わに》魚の背中に乗った山幸彦は一瞬で故郷に辿り着く。山幸彦は帰ってから、海神からもらった珠の力で洪水を起こし、兄を屈服させたのであった。

一方、妻の豊玉姫は妊娠していた。夫を追って地上に来た彼女は海岸に産小屋《うぶごや》を建てて出産するとき、夫に、けっして姿を見てはいけないと言った。しかし山幸彦はこらえきれずに見てしまった。すると豊玉姫は、鰐の姿に変わって出産しようとしていた。恥じた豊玉姫は息子を残して海神宮に帰ってしまった。代わって妹の玉依姫を養育のため地上に送った。残された息子は成長し、叔母の玉依姫と結婚し、生まれた子どもの一人が最初の支配者・神武天皇となった。

この話は日本各地で民話化もされていった。例えば鹿児島県喜界島《きかいじま》の話は以下である。

漁師が友人から釣り縄を借りて漁に出ると運悪く釣り縄を取られてしまった。彼は同じ物を買って返すと言ったが聞き入れてもらえなかった。そこで困ってしまい、着物を脱いで海の底へ潜って行くと、ネィー（根）の島に来てしまった。島に上がって町を歩いていると赤や白の鳥が空に飛び上がって行くのが見えた。それは人間に釣られて行く魚であった。帰るときに根の国の神様が嵐の到来を教えてくれたので男は助かったが、それを知らずに船を出した友人は死んでしまった。

かつてこの日本の海幸・山幸神話はインドネシア方面からもたらされたと考えられていた。とくに隼人の起源を語るので、オーストロネシア系の隼人族がもたらしたとも言われた。たとえばインドネシア・スラウェシ島ではこうである。

カヴルサンという男が友人から釣針を借りて漁に出るが、糸が切れて釣針をなくしてしまう。彼は友人に許しを請うたが、「他の釣針を一〇本くれても受け取らない」と許してくれなかった。カヴルサンは再び釣針を求めて海に引き返し、なくした所で海中に身を投じた。すると海中に道があり、それを辿って行くと村に着いた。一軒の家でやかましい騒ぎと悲しみの声が聞こえた。一人の乙女が喉に魚骨が引っかかって苦しんでいたのだ。カヴルサンは自分が見てやろうと持ちかけ、皆を外に出して、乙女の喉から釣針を取り出した。それを衣服に隠し、娘の両親からもらった贈り物を持って帰った。彼が潜った場所に戻ると船は見えず、困り果てていると大魚が出てきた。名前をつけてやるから岸まで連れて行ってくれと頼むと、魚はあっという間に岸まで連れて行ってくれた。帰り着くとカヴルサンは落ちたバナナの葉をもう一度木に戻せといって意地悪な友人をこらしめた。そしてカヴルサンは神に助けを願い、大雨を降らせて友に復讐した。

インドネシア・マルク諸島のケイ島やミクロネシアのパラオにも類似の話がある。またメラネシアのソロモン諸島にも六人兄弟の末っ子が父から釣針を借りて行く次のような話がある。

大漁だったが釣針を取られてしまった末っ子の少年が、父親にしかられて釣針を探しに出かけてとある島に着く。そこには大男が住んでおり、訳を話すと食事などをさせてくれた。翌日、男は末っ子を海岸に連れていき、魚たちに、「ここに来て口を開けろ」と命じた。少年は一番大きな魚の口に父の釣針が刺さっているのを発見した。そこで釣針を取り、男に礼を言って帰途についた。それを見た父は歓び、少年は誇らしげに釣針を父に返した。

ソロモン諸島付近で鮫はしばしば人食い巨人と表象されるので、少年を救った巨人がもともと鮫だったとすれば、海の王として、日本神話との共通性が指摘できるだろう。

この流れは太平洋の深奥部に位置するニュージーランド・マオリ、ハワイあるいはクック諸島にまでも至る。クックでは釣針をなくすのが年長者であるトリックスター・タマロである点が他の事例と異なるが、ここでもなくした釣針はマグロの口に刺さっていたことになっている。

釣針喪失譚の広がり

この種の話の一つの脈流は中国・長江流域の白娘子《はくじょうし》や化け鯰《なまず》といった民話であろうと大林太良は考えている。また民話学者の斧原孝守《おのはらたかもり》は長江上流の少数民族の間にも釣針喪失譚のモチーフを見いだしている。この地は、漢民族に支配される以前はいわゆる呉越《ごえつ》の土地で、漢民族とは異なった文化、おそらくオーストロネシア系文化が及んでいた可能性がある。たとえば広東州・チワン族には花咲翁《はなさかじい》に似た話がある。

怠け者の兄と働き者の弟がいた。弟には歌を歌う猫がおり、この不思議な猫のおかげで弟は羊飼いから竿をもらった。自分も褒美を得ようとその猫を借りた兄は、猫が歌わないので腹を立てて殺し、猫の死体をザボンの木の下に埋めた。兄は財産を独り占めし、弟には一本のザボンの木だけを残した。弟が食べるとそのザボンはおいしく、兄が食べるとまずい。木からとった板で餌桶を作ると餌を食べた豚は丸々と太ったが、兄がそれを借りると豚は死んでしまった。

怒った兄は餌桶を焼いた。弟が焼け残った鉄屑から釣針を作ると、いつも大きな魚がかかった。だが兄がその釣針を借りて釣りをしても何もかからず、兄は釣竿を捨てて帰ってきた。弟がその釣竿を探していると、美しい娘が泣いていた。父が釣針を飲み込んで苦しんでいるという。弟が自分なら治せると言って娘と一緒に水の底に行くと、竜宮では老人が苦しんでいた。口を開けさせて釣針を取ってみると自分の釣針であった。

その父は竜王で、帰り際にお礼として避水珠《ひすいしゅ》をくれた。弟が帰ってくると兄はどうして宝を持って来なかったと怒り、自ら避水珠を借りて竜宮に行った。だが門には夜《や》叉《しゃ》がいて、お前が王を苦しめたと言って兄を大亀に呑ませてしまった。

中国南西部、雲南《うんなん》省の少数民族ヤオ族の話にも次のような似た話がある。

怠け者の兄と働き者の弟がいた。兄が弟からよく釣れる釣針を借りて釣りをするが、水蛇ばかりかかったので、釣針を捨てて帰ってきた。ところが大魚に変身した竜王がその釣針を飲み込んでしまった。竜王の娘が人間の姿をして水面に出たところ釣針を探している弟に会う。弟が釣針は自分が取ることができるというので、娘は弟を竜宮に連れてゆく。弟が椀で水を飲ませてやると竜王の痛みは取れた。竜王が望みのものをやろうと言うので、弟は娘をもらって故郷に帰り二人は幸せに暮らした。兄は妬んで死んでしまう。

このように釣針喪失譚は東アジアにも色濃く分布している。この釣針喪失譚は、狩猟採集民や山間部では釣針をなくす話ではなく、弓矢や槍のような飛び道具をなくす話に変換される。私はこれを「山＝狩猟」バージョンと呼ぶ。たとえば北海道アイヌの事例である。

若いアイヌラックルが物に憑かれた。育ての翁は彼に縄を切って逃げた二歳の熊を探しに行かせる。彼が神山にたどりつくと、そこには大きな家があった。中には真っ黒な衣をつけた翁と婆がいた。翁が言うには「我々は神だが、子供をアイヌラックルの元に遣わしたら縄をつけたまま逃げ帰ってきた。その縄を解きたいがどうしても解けず、死にそうになっている。いいところに来た。連れ帰ってくれ」と。見ると若い男が死にそうになっており、その肉には縄がめり込んでいる。アイヌラックルはその縄を曳いて人間界に帰った。若者はいつしか熊になっていたので、家の戸につなぐと、育ての翁は感心して褒め称えた。それから盛大な祭りをしてその熊を送った。するとアイヌラックルの病も治ってしまった。

東南アジアの山間部族の狩猟バージョンとしてスラウェシ島の古層民族トラジャ族の例を引こう。

七人の兄弟が狩りに行った。末の弟は七匹のイノシシを獲ったが、兄たちは一匹も獲れなかった。獲ったイノシシの肉は薫製にされ、一番上の兄が家に残ってその番をしていた。他の者がいなくなると、老人が穴から出てきて肉を持ち去った。同じ事件が繰り返されたので今度は末っ子が番をしていると、またその老人が現われた。末っ子は祖父から借りた銛でその老人の背中を刺したが、老人は逃げ去ってしまった。末っ子は銛が返せないので、それを求めて下界に降りる。ある村で村長が病気であることを知り、見ると背中に銛が刺さっている。若者はそれを治してやると言い、家の者を外に出して、老人と二人きりになる。そして老人を殺し、銛を取り返して戻った。途中、七人の乙女に会うが、彼女らを説得して一緒に上界に昇る。これで七人兄弟はみな一人一人、乙女を妻にした。

スマトラ島のバタック族にも山＝狩猟バージョンが見いだせるが、それ以外にもこのバージョンは、ハルマヘラ島などインドネシア一帯に幅広く見いだせるようだ。さらにこの形式はベーリング海峡を越えてアメリカ先住民にもおよんでいる。カナダ太平洋岸北西インディアンの海獣狩猟民ヌートカ族である。

クオチアスが舟で漁に出た。釣りをしていると鮫が出てきて漁の邪魔をした。クオチアスは怒って岸に戻り、銛を作って漁に出た。鮫が出てきたので銛で突くが、鮫は海底に逃れた。クオチアスが鮫を求めて行くとある村に着いた。彼は一軒の家でシャーマンが歌っているのを耳にし、女に見つかってしまう。彼らは「主人の女が病気なので、あなたがシャーマンなら治してくれないか」と言う。クオチアスが家にはいると、病人の背中に銛が刺さっている。周りの者にはそれは見えない。病人の親戚は治してくれたら娘を嫁に取らせると約束する。クオチアスが二人くれと要求すると同意したので、彼は歌を歌いながら銛を引き抜いた。病人は回復し、クオチアスは二人の娘と結婚し、一緒に家に帰った。

釣針喪失譚の意味

北米先住民の伝承でも、アイヌやインドネシアの山バージョンと同様、狩猟具が動物の体に留まったまま逃げられてしまう。そして道具をなくした主人公がそれを探しに行って動物の王国に行き、取り返してくる。ミクロネシアやアイヌ、そして北米先住民の間では、釣針や銛が刺さった相手が病気になっているので治してやるという、主人公が呪医ないしシャーマン的な役割をもつ。そして帰るときには動物王の娘をもらう、あるいは新たな魔法の力を得るというのは日本の海幸・山幸の話と同様だ。

海の民の間で釣針がきっかけになるのは象徴的だ。釣漁自体は多くある漁法のうちの一つにすぎないのに、なぜ、釣針あるいは釣漁が神話の重要な場面に登場するのだろうか？釣りには大物をみごと釣り上げる好運もあるが、とんでもない獲物がかかったり釣針をなくしたりする危険性があり、そこにはつねに喜びと落胆がつきまとう。つまり釣りとは、一種の博打あるいは占いなのである。日本の記紀神話の神功《じんぐう》皇后の段にも釣占いをする場面があるが、釣りが占いになる例はオセアニアにも見つかる。またソロモン諸島の呪術では、尋常の手段ではかなわない悪霊を釣竿でおびき寄せる。

釣針をその典型例とする「釣針喪失譚」のキーアイテムは、一種の飛び道具ないし獲物に持って行かれる危険性のある漁具や狩猟具である。人々は、われわれが住む世界を越えた山の彼方や砂漠、あるいは海の彼方や海底に異界の存在を見てきた。人間は、異界との境界領域に至ることで、異界からの訪問者に出会う。浦島太郎（原型は浦嶋子《うらしまのこ》）も釣りに行って乙姫と出会い、常世《とこよ》の国に行く。このように釣針とは、「異界」とコンタクトする手段なのである。

また釣針喪失譚は、英雄譚の一形式でもある。英雄が何かを求めて異界に行き、困難を克服して帰るというのが英雄譚だ。戻ってきた英雄はもはや過去と同じ存在ではない。冒険によって新たな力、神の血を引く妻などを得ているからだ。一般に英雄譚はイニシエーション儀礼を物語化したものとも言われている。

「山＝狩猟」型の方が古い形だと考えられるのは、これらの話がアイヌ民族を含めた狩猟採集民の間に伝わっているからである。またここでは主人公が得るのは嫁であり、社会的不平等は見出せない。一方「海＝釣針民」型はすべて農耕漁撈社会で語られている。こちらの背景には階層社会の成立が推測される。

すなわち、「山＝狩猟」型の古層型式からこの思想を受け継いで発達させたのが、オーストロネシア社会や古代日本の釣針喪失譚ではないだろうか。これらの階層社会の中で重視される年長性原理の矛盾、つまり兄弟や親子の葛藤が物語の基調にあることに注目すべきである。兄、父、叔父のような年長者から道具を借りてそれをなくしてしまい、責められて、なくしたものを探しに行くのはいつも年少者なのである。しかし彼は見事になくした道具を探し終え、帰還してからはしばしば、己を責めた年長者を屈服させる。

このように、古層型式（山＝狩猟型）では冒険の結果として得るものが嫁である一方、新層型式（釣針喪失型）では英雄はしばしば政治的な権力を得る。私はここに、年少者が積極的に外部社会の探索を行い、新しい社会秩序を確立するというオーストロネシア社会の根幹的なイデオロギーが表現されているのを見る。

パプアの山幸彦

かつてレオ・フロベニウスが作ったこの種の神話モチーフの分布図をよく見ると、東側の中心は東アジア、太平洋からアメリカにかけてであり、オーストラリアおよびニューギニアの一部は分布圏外となっている。これは何を意味するのだろうか？　私は次のように考えた。

まずアフリカから来たホモ・サピエンスは、オーストラリアとニューギニア、すなわちサフル大陸へは三万年前から四万年前には確実にスンダランドから渡り、以後、その地で孤立した。彼らは先モンゴロイドというべき人々である。この時点では釣針喪失譚は生まれていなかった。釣針喪失譚は狩猟や漁撈と密接に関連する物語だ。それなのに狩猟や漁撈が行われるオーストラリア・アボリジニやパプア人の間に釣針喪失譚が見られないことには意味があるのではないかと考えた。

そして私は釣針喪失譚を次の段階の古モンゴロイドの環太平洋への移動と結びつけて考えた。釣針喪失譚はアジア・オセアニアから新大陸に至るまで、環太平洋的分布をしめしている。しかし前述のとおり、オセアニアでの分布域にはオーストラリア大陸は入っていないし、パプア・ニューギニアにおいても萌芽的な「山＝狩猟」型がわずかに見られる程度である。私は、これらパプア・ニューギニア高地にある類話はオーストロネシア系集団からの借用であろうと考える。

この神話は、東南アジアに移動してきたホモ・サピエンスから、早い時期にサフル大陸へと移動した集団が分岐したときにはまだできていなかった。したがって、オーストラリアやパプア・ニューギニアには存在しなかった。その後、東南アジア付近のモンゴロイド系集団の間でこの神話が創造され、日本列島や新大陸へと移動した。したがってこの神話の環太平洋的な分布はモンゴロイドの移動の実態をよく表したものである、そう私は考えたのだ。

しかし気になっていたのはメラネシアのビスマルク諸島の次のような女護島《にょごがしま》の話であった。

男が鳩を捕らえようとしたが、逃げられてしまった。鳥を追って一晩舟を漕いでいくと、朝に島が見えた。鳥が木に止まっていたので、男は島に上陸した。人の足音がするので、あわてて木の上に登って隠れた。木の根元に泉があり、娘たちが水を汲みにきた。娘はそのとき水面に映った男の顔を見た。娘は友だちには帰ってもらい、男と夫婦の契りを結んだ。驚くことに、この島には男は一人もおらず、女たちはみな亀と契りを結んでいた。やがて娘が妊娠すると、他の女たちは男が隠れていることを知り彼に性交を迫ってきたので、男は故郷に逃げ帰った。故郷では長い時が過ぎていて、妻はすでに夫が死んだと思っていたので墓を建てていた。夫が女護島で他の女と契りを結んだことを知ると、妻は怒って夫を殺してしまった。

この話には釣針喪失譚的な部分は見られないが、海幸・山幸神話とよく似た、泉に顔が映ったことによる出会いの部分が注目される。パプア・ニューギニアで長らく民話などの調査をしてきた紙村徹《かみむらとおる》は近年、この「水面の美男子」型の話がパプア・ニューギニア方面にたくさんあることを指摘した。たとえばニューギニア島北部セピック川中流域に住むアラフンディ族に伝わる話である。

男が山から下界を眺めていると、湿原に煙が上がった。男はそこへ出かけていき、一本のサゴヤシの木の上に登って隠れた。すると姉妹がやってきた。姉はサゴ打ちをし、妹はサゴ洗いをしていたが、妹が水面に男の顔が映っているのを見て姉を呼んだ。二人の姉妹はサゴヤシを切り倒した。しかし誰もおらず赤い顔料だけが残っていた。姉妹はそこら中のサゴヤシを切り倒してとうとう男を見つけた。姉妹は男を自分の婿にしようとして争った。彼の左半身は湿原の泥で真っ黒だった。姉妹は左右の手を引っ張ったので男の右半身からは白人が、左半身からはわれわれ黒人が生まれた。

赤い顔料について、紙村氏はパプアでは化粧するのはむしろ男性の特権で、イケメン男に女性が惚れるこの種の話は男性の化粧、あるいは儀礼用の出で立ちの起源を説明しているとする。また同じセピック川中流に住むカニンガラ族にも次のような話がある。若い女性が割れ目太鼓の割れ目に竹筒に入れた水を注いだところ、精霊小屋の天井に隠れていた隣村の男の顔が映った。男は娘と結婚するためにやって来て、そこに隠れて見ていたのだ。その後、二人は結ばれる。

紙村氏の指摘によって日本の海幸・山幸神話、そして釣針喪失譚の新層型式の一部には少なくともパプア系、すなわち先モンゴロイド系統の要素「水面の美男子」も入っていることが分かってきた。ただし異界を訪れたときにその入口の木陰や木の上で休む、あるいは隠れていると、異界の娘が水くみに来たので見つかる、という型式の異界訪問譚は、ギリシャ神話のペルセポネの冥界下り、あるいは朝鮮半島の地下の悪鬼退治など世界中に広範囲に見いだせる流れのようである。

アフリカの山幸彦

さらに構造的に類似性を無視できない話がアフリカにもたくさん分布することがわかってきた。たとえばガーナのンゼマ族の事例である。

湖の中の島に住み鰐を槍で獲っていたコフィは、ある日、槍が壊れたので隣人の槍を借りた。だが巨大な鰐を見つけて槍を打ち込むと槍が折れてしまった。コフィはなくしたものと寸分違わない槍を返すと約束したが、隣人は代わりのものではだめだと言った。他の漁師や首長も仲裁に入ったが結局、コフィが槍先を取り戻すのが義務だということになった。逃げた鰐を探すためにコフィは湖の中に入り、沈んで見えなくなった。それで皆、岸に集まって葬儀の準備を始めた。

三ヵ月後、コフィがびしょ濡れだが元気に戻ってきた。彼は首長の家に失くした槍を持って行き、驚く皆に言った。水に沈むやいなや大きな町があり、訳を話すと水の民は友好的に彼を迎えてくれた。三日目になると、逃げた鰐はこの村の将軍で、魔法の力で鰐の格好になっていたと知らされた。傷が癒えたら厚い皮膚に刺さっている槍先を返すと彼らは約束した。

そして三ヵ月後、約束は果たされ、コフィは人間界では知られていない美しいガラスビーズを土産に上界に帰ることを許された。水の民は毎年、自分たちに供犠をするなら、村の子供が病気になったときに治療法を教えることを約束した。これがンゼマ族のアソンウ（水底の町の名前＝水の意）崇拝の始まりであった。このあと意地悪な隣人には罰が降った。

アフリカ中央部から西部のギニア湾岸地帯にかけて、この類話はたくさん見つかる。ある話では貧しい男が裕福な男から銛や槍を借りて象や鰐を狩りに出る。しかし獲物は銛や槍が刺さったままで逃げてしまい、借りた男が責められて困る。別の話では、銛をなくしてしまい困った男を死んだ父母の霊が助け、さらに霊界から帰るときに彼に瓢簞を持たせる。男は裕福な男に銛を返すが、裕福な男は傲慢で瓢簞まで持っていってしまった上にそれを壊してしまう。しかし他人の財産を勝手に持っていって壊したということで、彼は村の掟で財産を奪われてしまい没落するという教訓話になっている。

世界神話学説と海幸・山幸神話

釣針喪失譚は、かつてレオ・フロベニウスが白鳥の妻型説話（いわゆる、羽衣型説話）としてアジア・オセアニアからアメリカ大陸まで、環太平洋的な広がりをもっていることを示した。私がかつて提唱した古モンゴロイド仮説もそれに基づいたものである。

しかしアフリカまで広がる類話については、ユーリ・ベリョーツキンは「見えない釣針」型説話と定義する。彼によると次頁の図の（1）見えない釣針型はアメリカ大陸、とくに北西海岸と一部アマゾン低地に存在する。（2）失われた物が戻る、すなわち人が物を借り失うが、所有者がそれを返すように主張。物をなくした人は他界からそれを取り戻す。この型式は中央アフリカから西アフリカの大西洋岸に事例が見つかる。そして（3）両型式の合体型が海幸・山幸をはじめ、インドネシアやニューギニアに広がるのである。

ベリョーツキンはこの物語に含まれる神話要素は偶然の繋がりだとは思われず、日本の海幸・山幸型説話がオーストロネシア系のものと繋がるのは確実であるとする。しかしアフリカの事例については中間地域に事例が見つからないので結論は保留するとしている。

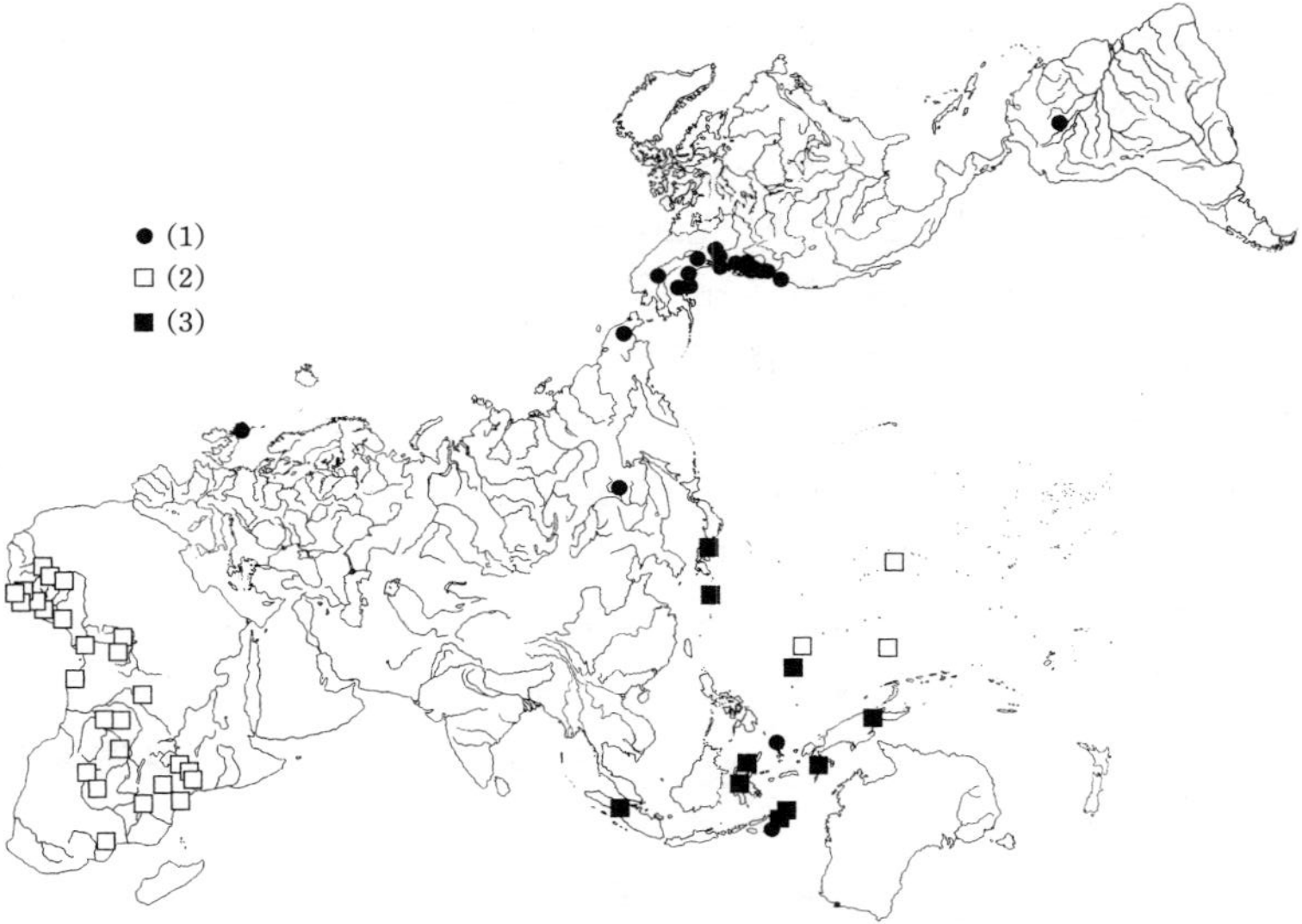

「見えない釣針」型説話の分布（ベリョーツキン原図，Berezkin, 前掲書）

世界神話の中での釣針喪失譚

釣針喪失譚の発端たるモチーフ、つまり借りた道具をなくす話がもし仮にベリョーツキンが言うようにアフリカ起源であったとすれば、釣針喪失譚の発達は人類進化と関係してどのように説明されるのだろうか？　中間領域に事例がないのがネックだが、一つの可能性としてこう考えられる。まずゴンドワナ型神話の要素である借りた道具、とくに狩猟具を失う話が東南アジアに移動してきて山＝狩猟型を生み出す。そしてY染色体のC型の北上した流れに示されたように、日本列島からシベリアそしてアメリカ大陸までこの種の話がもたらされる。その残存がアイヌ民族の事例である。第一章で紹介した遺伝学者の斎藤成也の説によると、アイヌ民族は四万年前から四〇〇〇年前にかけてのユーラシア各地におけるさまざまな集団の系統を引いている。つまり彼らは旧石器時代に到来した人の遺伝子を一部受け継いでいるのだから、上のストーリーとも矛盾しない。

一方、パプア・ニューギニア方面で「水面の美男子」型のモチーフが生まれ、その北に隣接するインドネシアのマルク諸島方面で生み出された新層型、すなわち海＝釣針型の物語に取り込まれる。アウトリガー・カヌーが発達してからはインドネシアとパプア・ニューギニアの間にはさまざまな交流があったことが知られているからだ。そしてこの物語が、おそらくは隼人族の祖先によって日本列島にもたらされた。そして記紀神話では神武天皇の誕生、隼人族の大和朝廷への服属の物語として神代の段の最後に位置づけられた。

このようなストーリーを、世界神話学説に基づけば考えることができるだろう。今後、世界神話学説にはさまざまな検討が加えられ、修正案、あるいは賛否両論が加えられるだろう。その結末はまだ見えていないが、少なくとも世界神話学説は、これまで日本神話と周辺地域の神話の類縁性について個別に論じられてきた問題が、実は人類進化の大ストーリーの一翼を担っていたことを教えてくれるのだ。

この点で世界神話学説は今後も目を離せない、近年では滅多に見られない人文科学のエキサイティングな学説である。以下さらに考察を進めよう。

日本神話と世界神話学

日本の『古事記』が説く天地《あめつち》のはじめは、最初にアメノミナカヌシノカミ、タカミムスビノカミ、カミムスビノカミの三神が生まれ、次に「国稚《わか》く浮ける脂の如くして、海月《くらげ》なす漂える時、葦牙《あしかび》の如く萌《も》え騰《あが》る物に因《よ》りて成」りし神が、ウマシアシカビヒコジノカミ、そしてアメノトコタチノカミである。

次に生まれたクニノトコタチノカミ、トヨクモノノカミの二柱以下の神々は、天地が次第に形を整えてくる過程を、次々に現れる神々の名前として描いたものだ。すなわち、宇宙の生成を神々の名前で比喩的に表し、系図的に表現しているのだ。はじめは独身の神あるいは男女両性的な神であったが、夫婦の神がそれに続き、最後にイザナキ・イザナミ兄妹が現れる。

混沌の闇から次第に大地が固まってくる状況を語るこの記紀神話の冒頭は、古くから南島、ことにポリネシアの創世神話との類似性が注目を集めていた。ポリネシアでも例えばマルケサスの創世神話がそうであるように、国土の成長を基礎や家屋や水波を意味する神名で象徴している。それによると最初に虚無があった。その中に隆起、沸騰、暗黒の波、渦、泡立ち、吸収が生じ、ついで大小長短、いろいろな形の柱と支柱が現れて、さらには基礎が出現する。続いて空間、光、山が現れた。これらの話もローラシア型の原始混沌からの出現神話の範疇に入るだろう。

続いて神はイザナキとイザナミに対して「この漂っている国土をよく整えて、作り固めよ」と命じる。そこで兄妹は、この原初の海をアマノヌホコという矛の先でかき混ぜた。そのとき、したたり落ちた滴《しずく》が固まってオノゴロ島ができたので、二神はその島に降り立った。そこに二人は天地を支える柱と立派な御殿を建てた。このように日本の神話では、天地の出現にイザナキ・イザナミ兄妹神による国造りの話が続くから、ローラシア型の原初男女型の神話ともつながるであろう。

そして二人は、男神の体には有り余る部分、女神の体には足りない部分があることに気がついた。二人は柱の回りを逆方向に回って出会い、互いに惚れあったので、性交《まぐわい》を行った。こうして女神は出産するのだが、最初の子供は蛭子《ひるこ》であったので水に流した。失敗の原因は、禁を犯して女神の方から男神に声をかけたことだった。それで改めて柱を回り、今度は男神から女神に声をかけたので次の出産は成功し、女神は日本列島の島々、そして神々を生んでいった。

イザナキ・イザナミがアマノヌホコという矛で原初の海をかきまわして、滴《したた》りが落ちた所にオノゴロ島ができた、という件《くだ》りがポリネシア世界の島釣りモチーフの類縁であることは、多くの学者が指摘している。

最初の性交

奄美から沖縄にかけての島々の創世神話、「島建て」にも、このイザナキ・イザナミの神話を想起させるものがたくさんある。

たとえば与論島《よろんじま》では昔、人間と猿がいたが、喧嘩ばかりしていたので神が怒って洪水を起こしたという話がある。その結果、世界中が水浸しになったが、やがて遠くから兄妹二人の神が舟に乗って島にやってきた。二人は海岸で千鳥が戯れているのを見て男女の営みを知り、自ら交合して子孫を作っていく。

石垣島には島の最初、裸体で現れた男女がジュゴンの交尾を見て夫婦になる話がある。その後二人は恥を知り、クバの葉で陰部を隠すようになる。同じく石垣島には、最初の男女が現れた後、大雨で大洪水になった。水が退くと木の穴に隠れていた二人は現れ、神のお告げに従って井戸の周りを逆に回り、再び出会って結婚した、という話もある。

竹富島《たけとみじま》では最初に現れた裸体の男女が成長すると、天神が女神の足りない所と男神の余る所をあわせてみるように命じる。二人は神の仰せのとおり腰をあわせて池の周りを回り、愛し合うことを覚える。与那国島《よなぐに》ではヤドカリを見て最初の交合が行われる。

また、台湾の先住民には、男神と女神が互いに体の凹凸を見つけて交合を行ったところから、いろいろな物が生じてくる神話が広く伝わる。たとえばアミ族の神話ではセキレイの交尾を見て交合のやり方を知る。

イザナキ・イザナミのオノゴロ島での結婚の類話は、洪水後の兄妹神の結婚説話として、東南アジアに広く分布するものであり、人間の祖先ないし部族の起源伝承と結びついている（後藤明『「物言う魚」たち』など参照）。だが女神が島を生んだために列島ができたという話は世界の他の地域には類例が少ない。もっとも類似した例はハワイの島生みの神話である。男神ワーケアと女神パパは交わって次々と島を生むが、互いに浮気などをしたためにハワイ八島は異母兄弟、あるいは異父兄弟であるという面白い話がある。

死後の世界

島、そして神々を次々に生んだイザナミは、最後に火神カグツチあるいはヒノヤギハヤオを生んだとき、女陰《ほと》を焼かれて死んでしまった。死んだ妻を一目見ようと、イザナキは黄泉の国を訪ねる。しかしイザナミは、もう黄泉の国の火で調理した食物を食べてしまった、すなわち黄泉戸《へ》喫《ぐい》を行ってしまったのでもう現世には帰れないと言う。明かりをつけるなと言う妻の言葉に反して、イザナミの姿を見てしまったイザナキは、ウジがわき変わり果てた姿に驚愕し、逃げ出してしまう。イザナミは侍女であるヨモツシコメに追わせるが、イザナキが髪飾りや櫛を投げつけると、それらは山ブドウや筍になり、ヨモツシコメがそれらを拾っている間に逃げ延びる。

イザナミも追ってきて、黄泉比良坂《よもつひらさか》で追いつき、二人はこの世とあの世の境で離縁の誓いを行う。かくしてイザナミは「愛《うつく》しき我《あ》が那勢《なせ》の命《みこと》、かくしたまわば、汝《いまし》の国の人草、一日に千頭《ちがしら》絞《くび》り殺さむ」と言ったのに対し、イザナキは「愛しき我が那邇妹《なにも》の命、汝しか為したまわば、吾はや一日に千五百《ちいほ》の産屋を立てむ」と答える。

類似のモチーフは、ポリネシア、ニュージーランドのマオリ族の神話にも見られる。創造の神タネは土で女の人形を作った。そしてこれと交わり、娘ヒネ（月の女神ヒナ）を産んだ。タネは成長したヒネを妻にしたが、ヒネは夫が実の父親であることを知り、恥ずかしさのあまり自殺した。黄泉の国に行って夜の女神になったヒネを追ってタネは冥界に行った。彼が一緒に地上に戻ってくれと懇願すると、ヒネは断った。そして言った「あなたは一人で地上に戻り、明るい太陽のもとで子孫を養いなさい。わたしは地下の国に留まり、彼らを暗黒と死の国に引きずり下ろすでしょう」と。

このオルフェウス型神話（死んだ親族を訪ねてあの世に行く神話）にはイザナキ・イザナミのように、二人の神がこの世とあの世の間で離縁を誓いあう「誓建《ことどわたし》」モチーフがある。オセアニアでは、「誓建」はミクロネシアのカロリン諸島やメラネシアのフィジー諸島にも見られる。

さて、イザナキは黄泉の国から帰って来ると筑紫の日向《ひむか》で水の中でみそぎをし、次々に神を生んだ。目を洗ったとき左目からアマテラス、右目からツクヨミノミコトが生まれた。ミクロネシアにはリゴアププという神が木の窪みで水を飲んで女子を生む、そしてその目から男女一対の神が生まれ、人間の始祖になったという神話がある。

また生者と死者は食料あるいは調理の火を異にせねばならない、もし禁を犯したら永遠の離別になるという話がメラネシアなどにも見いだせる（後藤明『南島の神話』参照）。

溺死する猿神

イザナキの三人の子のうち天空世界、高天原《たかまがはら》を支配する天照大神《アマテラスオオミカミ》は孫のニニギノミコトを、地上界、豊葦原瑞穂《とよあしはらみずほ》の国を支配するために遣わした。ニニギノミコト一行は高千穂《たかちほの》峰《みね》の上に降臨した。そのとき、天と地の間を守る国津神の一人、サルタヒコ（猿田毘古神《サルタビコノカミ》）に出会った。サルタヒコは赤い顔に大きな鼻の異様な容相で、侵入者である天津神の一行を睨みつけた。だがニニギノミコトのお付きの神、アマノウズメノミコトが胸をあらわにして相対するとサルタヒコは屈服し、ニニギノミコト一行を高千穂峰まで導いた（『日本書紀』）。

これ以前に、弟スサノオノミコトの狼藉を恐れたアマテラスが天の岩屋に隠れたことがあった。太陽が隠れて神々が困ったとき、アマノウズメノミコトが裸になって踊るり、それに神々が興じている様子をのぞいたアマテラスを皆で引き出した（『古事記』）。アマノウズメノミコトはこのように二度、その魅惑的な体で天神を助ける。一方、赤い顔に大きな鼻をしたサルタヒコは、男性シンボル的な神であり、アマノウズメノミコトとサルタヒコの間には神婚が行われたという見方も可能である。

サルタヒコの語源には諸説があり、かならずしも猿を表したわけではないことが指摘されているが、その一方では確かに猿神の様相もある。サルタヒコはニニギノミコトを地上に案内した後、海中に潜って大きな貝に手を挟まれて溺死してしまうからである。すなわち「比良夫貝《ひらぶ》にその手を咋《く》い合わさえて、海塩《うしお》に沈み溺れましき」という結果になる。

この比良夫貝というのはよほど大きな貝、珊瑚礁に生息するシャコ貝のような貝であろう。フィリピンからインドネシア方面には、貝やそのほかの動物に手を挟まれて溺死したり、懲らしめられたりする猿の民話が多数見いだされる。

たとえば、インドネシアの民話に次のようなものがある。山羊と猿が言い争った。山羊が口をもぐもぐしているのを見て、猿は馬鹿にされたと思い、王に山羊を罰するように頼んだ。しかし王はこれが不当な要求であったことを知り、人騒がせな猿を罰するために、海岸で珊瑚石の運搬をする重労働をいいつけた。猿は引き潮の海岸で岩を掘っていたとき、浅いところに大きなシャコ貝を見つけた。猿が貝の中の身を取ろうと手を突っ込むと、貝はびっくりして閉じてしまった。手が抜けないでいると、そのうちに海が満ちて、猿は溺れて死んでしまった。

これ以外にも、フィリピン・インドネシアには猿が鰐や鮫をだまして、背中を伝って岸にわたるが、嘘がばれて噛みつかれてしまう話が多い。言うまでもなく因幡《いなば》の白ウサギの類例である。

では次に、日本人に親しみのある昔話や民話も、そのもとを辿れば世界神話学説のローラシア型神話群に原型を見いだせるのではないか、という事例を三つ紹介しよう。

ローラシア型神話としての『西遊記』

すでに紹介したように、日本神話や民話が朝鮮や中国のみならず、ゲルマンや北欧神話と類縁性があることは、内外の学者によって古くから指摘されてきた。これらの現象も、ユーラシア大陸の東西にまたがる、ローラシア型神話群仮説によって大局的には説明されるのではないか、という仮説を以下、検証しよう。まずは中国起源だが日本人にも親しまれてきた『西遊記』である。

入谷仙介《いりたにせんすけ》が著作『「西遊記」の神話学：孫悟空の謎』で論じたことも、ローラシア型神話群仮説の中におくと俄然光を放ってくる。『西遊記』は天竺《てんじく》にある釈迦如来のもとに秘蔵されている三蔵の大乗仏典を中国にもたらすために、玄奘三蔵《げんじょうさんぞう》法師と三人の異形の従者、孫悟空、沙悟浄、猪八戒が繰り広げる冒険物語である。三蔵一行を援助する神仏は多いが、ひときわ重要なのが観世音菩薩である。天上界を荒らし回っていた孫悟空を屈服させて三蔵法師のお供にさせたのも観世音菩薩である。以下、入谷の原典の詳細な分析にそって見ていこう。

『西遊記』のポイントは四つある。第一に観世音菩薩が女性、それも処女として現れる点である。第二に観世音菩薩は神通力を持つものの、最高の神格ではなく、その上に如来が存在する点である。『西遊記』は、如来という最高神格から与えられた試練の旅なのである。第三に天竺旅行は三蔵法師からみると帰還であり、この英雄の旅を女神が援助する形式と考えられる点である。第四にしばしば観音が乞食、老人、道人、美女など変幻自在、さまざまな人間に化身して登場する点である。

同様の構造は古代ギリシャの叙事詩『オデュッセイア』にも見られる。第一に旅を助けるアテーナーは女神であり処女神である。第二にアテーナーを超える存在としてゼウスがいる。第三にオデュッセウスが故国に帰還する物語である点である。第四にアテーナーは身を隠して行動するが、ときにオデュッセウスのもとに姿を現す。しかし傍らの人々には見えないという不思議がある。同じことは古代ローマの叙事詩『アエネイス』でも指摘できる。

さらに比較は日本神話にまで及ぶ。第一にアマテラスは処女神と考えられるが、誓《うけい》によって玉から子を産む。すなわち聖母マリアの如く処女神と母子神が統一されていると考えられる。ギリシャ神話におけるアテーナーとウェヌスの関係と同様、観世音と三蔵の間にも一種の母子関係がある。

第二にアマテラスは最高神と言われるが、じっさいにはタカミムスビ、別名タカキノカミというさらに上位の神がいる。アマテラスの言行はしばしばこの神の意思とされ、その場合には「タカキノカミノミコトをもちて」と表現される。

第三に天孫降臨や神武東征は単純に帰国譚とは言えないが、折口信夫《おりくちしのぶ》によると、大和の香久山《かぐやま》や高市《たけち》、野洲《やす》などの地名はタカマガハラの地名と一致するので、いわゆる神武の東征はタカマガハラへの復帰であるという考え方もなりたつのではないか。

第四の変身だが、アマテラスは安川《やすかわ》での誓《うけい》で男装した以外は、変身や変装のモチーフはあまり見られない。しかし凡人には姿を見られない点では一貫している。

このように見ていくと、日本神話にも観世音・アテーナー型の女神観念を見いだすのは可能ではないか。神話学者の吉田敦彦はアマテラスとペルシャ神話の女神アナーヒターを対比している。

ペルシャ神話で唯一の女神アナーヒター（ギリシャ人はアナイティスと呼んだ）はゾロアスター教の聖典『アヴェスタ』の中で、膨らんだ胸をした若い女性として描かれている。金のブロケードで作られたマントを着、星のように輝く光線で頭を飾り、帯には宝石をつけていた。遺跡から出てくる多くの小像からこの姿が確認されている。また『アヴェスタ』ではアナーヒターは水の女神として現れ、川、湖、海などと同一視される。また生者にあっては精液、膣の分泌物、あるいは乳などの象徴ともされる。

ゾロアスター教の観点では、アナーヒターは叡智の神の創造の仕事、および宇宙の秩序の維持に有効な援助をもたらす繁栄の精（＝女神）となる。アナーヒターは天空でもっとも輝く明けの明星を象徴したものだともいわれる。

この女神はもともとメソポタミア神話の女神イナンナ、あるいはイシュタル神話（ともに金星神とされる）とゾロアスター神話の融合から生まれたとされ、ヘレニズム時代になるとギリシャで崇められているアフロディーテとも習合した。

『西遊記』とギリシャ神話あるいは日本神話との構造的類似は、ヴィツェルが整理したローラシア型神話群のストーリーラインそのものとは言えないとしても、その要素の別の角度からの整理といえる。天地創造のあとに誕生する男女神のうち、大地母神たる女神が男子の英雄の神の国あるいは祖先の国への帰還を見守る物語で、その過程には神々の争いや竜や魔物の退治などの場面が存在する。如意棒や金剛琢《こんごうたく》なども使い方によって諸刃の剣となる魔力を持った道具として、自然の制御、太陽の解放、文化の創造などと関連している。この点では、ヨーロッパ神話や騎士物語に頻出する「指輪」も同様の性格をもっている。

フィンランドの叙事詩・カレワラと日本神話

さて次にフィンランドの叙事詩『カレワラ』である。これも早くから日本神話との比較がなされてきた。

『カレワラ』研究の第一人者・小泉保は『カレワラ神話と日本神話』という書物を著している。カレワラの冒頭で天地創造のときに卵から世界が誕生したと語られることは前章の「世界卵」の部分で紹介したが、原初の世界が卵のような状態であったという記述は、『古事記』では明確でないが、『日本書紀』に明確に見られる。この思想は中国の『三五暦記』あるいは『淮南子《えなんじ》』からの借用であるようだ。

以下、小泉に沿って見ていくと、この卵生思想は単なる中国からの借用とは断言できない。イエズス会の宣教師の記録などを見ると、日本の庶民の間にも世界卵の思想があった可能性があるからだ。この思想が西アジアから南ないし東アジア、さらにポリネシアや中南米にかけて広がるモチーフであることも、すでに見たとおりである。

次なる類縁性として課題婚のモチーフがある。これは男神が女神を娶《めと》るさい、女神ないしその親から課された難題を克服する話である。カレワラの主人公である老いたワイナミョイネンが美しいポポヤの娘に一目惚れして求婚する。すると娘は「馬の毛を裂き、卵を結びつけよ」という難題を出す。ワイナミョイネンは手早くこれをやってのけた。しかし娘は「紡ぐ棒の切れ端から、斧を石に当てないで、音を立てずに、舟を造ること」という難題を出す。ワイナミョイネンは斧で怪我をするがこれもなしとげる。カイワラではその他にも別の男性が美女を得るために難題を克服する場面が繰り返される。

読者は難題というと何の話を思い出すだろうか？　私は『竹取物語』である。美しいかぐや姫を得ようと五人の貴族が次々と結婚を迫ったときにかぐや姫が課す、珍しいものの獲得の難題である。五人は偽物を持ってきてばれるか、あるいは失敗する。

さらに古い『古事記』にも、課題婚と解釈される部分がある。オオクニヌシがスサノオの所に行ったとき、その娘のスセリビメが現われ、二人は互いに一目惚れする。それを父親に言うとスサノオはオオクニヌシに蛇の室屋《むろや》に入る、蜈蚣《むかで》・蜂の室屋に入る、鳴鏑《なりかぶら》を取りに野原に入ったときに火を放つ、などの難題を課す。カレワラの場合は何度も物語が書き加えられているために明確ではないが、不思議なことに難題は三回課されるのが一般的なようだ。

またカレワラでは主人公ワイナミョイネンとその三人の仲間が異界ポホヨラから秘器サンポを盗み出して海上を遁走するとき、ポホヨラの女主人に追跡される。そのときワイナミョイネンが奇計を思いつく。火打ち石の火花を海に落とし、呪文を唱えて浅瀬を出現させ、追っ手を座礁させるのだ。これは呪的逃亡で、カレワラではこのシーンしかないが、北欧や東欧ではポピュラーなテーマである。たとえばロシア連邦ウラル山脈のマンシ族では、神話の主人公が逃亡するときに、砥石《といし》が岩山に、櫛が森に、火打ち石が火に変わって追っ手を阻む話がある。日本では呪的逃亡の思想はイザナキの冥界訪問以外にも『御伽草子《おとぎぞうし》』や民話の中に見いだせる。

さらにカレワラにはもう一人の英雄レンミンカイネンの死と再生の話もある。レンミンカイネンが遠い所で殺されると、母親の所に残していた靴下から血が出る。それを見て母親は息子の死を知る。母親が息子の死を嘆くと鳥が来て、散乱した屍の断片を集めてレンミンカイネンを再生させる。

日本神話ではオオムナジ、すなわちオオクニヌシが兄弟神たちに恨まれて焼き殺されたので、母親のサシクニワカヒメが泣き悲しんでカミムスビの所に行き、その再生を願う。するとキサガヒヒメ（赤貝）とウムギヒメ（蛤）が遣わされ、その貝を削って塗り薬を作り遺体に塗りつけると立派な男として生き返った。のみならず、カレワラも日本神話も、話の発端が主人公が美しい娘に求婚したことにより恨みを買って殺された点でも共通している。さらに類似の構造はアフリカにも存在することが、『エチオピア文書』というパピルスに記された文書によって知られている。すなわちエジプトのオシリス神話なども同じような思考に基づいているのだ。

さらに小泉はこれ以外にも「天体解放」、「児童神」、「禁室型説話」、「宇宙樹」、「兄妹相姦」などのモチーフの対比を行っている。「天体解放」は記紀神話で言えばアマテラスの岩戸隠れの話だが、類例は北欧だけではなく、アイヌ民族からシベリアや北米に広く見いだせる。「児童神」は柳田國男《やなぎたくにお》のいう「小さ子《ちいさご》」の話で、小人伝承とともにユーラシアに広範囲に分布する。ポリネシアの小人《こびと》メネフネもこれに含まれるだろう。「禁室型説話」はいわゆる「見るな」の話で、日本神話では海幸・山幸のトヨタマヒメの出産シーンの件がこれに当たる。民話では「メリュジーヌ」型としてユーラシア大陸に広く見いだせる。鶴の恩返しもこの範疇に含まれる。前章で触れたように、「宇宙樹」や洪水による世界の破局と密接に関連する「兄妹相姦」のテーマも日本神話のイザナキ・イザナミの物語に見られる。

ケルトの浦島物語

日本人に親しまれてきた浦島太郎の物語の原型が『丹後《たんご》の国風土記逸文《くにふどきいつぶん》』水江浦嶋子《みずのえのうらしまのこ》の物語であることはよく知られている。この話は丹後を治めていた豪族日下部《くさかべ》氏の伝える物語で、そこでは浦嶋子は漁師ではなく長者であった。浦嶋子は漁に出て五色の亀を釣り上げる。すると亀は美しい女性乙姫に変わり、常世《とこよ》の国へと浦嶋子を誘う。浦嶋子はそこで夢のような生活をおくるが、故郷が懐かしくなって帰りたいと言いだす。乙姫は決して開けてはならぬという言葉と共に自分を思い出すためにと手箱を渡す。浦嶋子が故郷に帰ってみると、すでに時がたち、家族や友人はみな死に絶えてしまっていた。絶望した浦嶋子が禁を破って箱をあけると煙がたちのぼり、たちどころに老人となってしまった。

この物語は『万葉集』の長歌で謡われたあと、『御伽草子』などでさまざまに書き換えられた。沖縄の『遺老説伝』にも類話がある。江戸時代にはさらに儒教道徳が付け加えられ、最終的に今われわれが知るような形になったのは、明治時代に道徳教育の教科書に採用されてからである。玉手箱の件が約束を破ってはいけない、あるいは亀をいじめてはいけないという儒教道徳や動物愛護精神の教育に都合がよかったからである。

浦島物語にもっとも近い話が中国長江の流域、洞庭湖《どうていこ》の「竜女説話」であると指摘したのは君島久子であった。次のような物語である。

漁師が嵐の洞庭湖で水に落ちた乙女を助ける。彼女は竜女であった。女は漁師に、お礼に水を分けることができる珠「分水珠」を渡し、竜宮へ来てくれるように頼む。彼は約束通りその珠を使って水底に分け入り、竜女と結婚し楽しく暮らした。やがて母親が恋しくなって帰郷を希望する。女は宝の手箱を渡し「私に会いたくなったらこの箱に向かって名前を呼びなさい。でも決して開けてはいけません」と言った。帰ると母親はずっと昔に死に、村人も知らぬ者ばかりになっていた。竜宮での一日は地上の一〇年になっていたのだ。漁師は驚いて竜女に訳を聞こうとおもって手箱を開けてしまった。すると煙がたちのぼり、たちまち漁師は老いてしまった。やがて彼は湖の畔《ほとり》で死んでしまったが、目は湖を見たままだった。湖の水が満ちてきたのは竜女が悲しみのあまりため息をついたからであった。

長江流域は「照葉樹林文化」の故郷であり、右の話もこの地に多い「仙境説話」であるから、照葉樹林文化の一要素として日本列島に到来したと考えるのが自然である。しかしこの浦島物語の基本モチーフが中国はおろか、ユーラシア大陸の反対側のヨーロッパに見いだせることを指摘したのが、大林太良であった。

丹後半島の伊根《いね》で行われた「うらしまシンポ2000」における記念講演「浦島伝説の源流」は、巨星・大林の最晩年の論考である。この中で大林は浦島伝説の源流を中国の古典『捜神後記《そうじんこうき》』や『幽明録《ゆうめいろく》』、さらにベトナムの民話、バイカル湖付近の民話、はてはコーカサス地方のスキタイ民族系であるオセット族の叙事詩へとつながることを指摘した。

さらにこの世とあの世では時間の進み方が違うという、いわゆる「不思議な時間経過」はケルト世界にまで到達することも見抜いていた。

たとえばケルトに伝わる『ブランの航海』の話である。

ある日、ファヴァル王の息子ブランの前に、白い花をたわわにつけた枝をもった美しい女が現れた。彼女は永久の国「エヴナ」にブランを誘った。ブランは二七人の仲間を連れて出発する。やがて彼方に「女人国」が見え、たくさんの女たちに歓迎される。一行は時のたつのも忘れて楽しい時間を過ごしていたが、帰郷の念に駆られる者がでてきたので、ブランは帰ることにした。

出発するとき、女王はけっして足を陸に踏み入れぬようにと忠告した。故郷が見えるとたまらず一人が船から飛び降りてしまった。だが、足が地面についたとたん体が灰になってしまった。ブランは岸にいる人々に問いかけたが、彼のことを覚えている者はいなかった。ブランは一年だと思っていたが地上では数百年も経っていたのだ。彼は岸の人々に航海の一部始終を話したあと上陸はせず、再び海の彼方へ旅立った。

この話はケルトに特有の「イムラヴァ＝他界への旅」と称される一連の物語の一つであ

る。とくにブランの話はのちにキリスト教の影響を受けて語られた『メルドゥーンの航海』や『聖ブランダンの航海』の先駆けをなす。田中仁彦《たなかひとひこ》の『ケルト神話と中世騎士物語』によれば、ヨーロッパで海上、とくに西方海上に異界を見るのはケルトに特有の思想だという。ヨーロッパ東部に起源をもち、西へ進出して行き、その果てであるアイルランドに到達したケルト人にとって、それは自然な発想だったのかもしれない。

田中はこの西方海異界とは、じつは彼らの祖先や魂の原境への帰還であったと論じている。そしてケルトに見られる女神の重要性はヨーロッパ古層に由来する思考であり、ブランを導いた女王も大地母神であろうとする。ケルトの神話には、女神、しかもしばしば見えない女神が英雄の旅、帰還の旅を見守り、導くと読み解くことができる側面がある。

ここで図らずも入谷の『西遊記』論と共通の地平が浮かび上がってきた。これもローラシア型神話の地平といえよう。入谷の西遊記論、小泉のカレワラ神話論、そして田中のケルト神話論ではいずれも女神、あるいは母子神の重要性が指摘されている。

このように日本の優れた民話学者の分析からも、ユーラシアにまたがるローラシア型神話群の血脈が浮かび上がるのである。

第六章　日本列島最古の神話

日本列島最古の神話を探る

前章で見てきたように、日本の神話と他のさまざまな地域、例えばヨーロッパのそれとの類似は、ユーラシア大陸全般に広がるローラシア型神話群の存在から説明することができるだろう。こうしたゲルマン神話などと日本神話の類似性は、騎馬民族であるスキタイ集団の活動がその主なる原因ではないかと大林太良や吉田敦彦などの神話学者が論じている。仮にそうだとすれば、この神話の誕生はせいぜい一万年前、あるいはそれ以降ということになるだろう。ローラシア型神話群が古代文明の成立と密接に関係していることも、この年代推定の根拠になる。ちなみにヴィツェルは、ローラシア型神話の誕生を四万年前にも遡るとしているが、これは少し古すぎるのではないかと思われる。

一方、三万八〇〇〇年前には日本列島に現世人類が渡っていた。彼らは日本列島最古の人類である。この三万八〇〇〇年前とは後期旧石器時代、すなわち人類に知能のビッグバンが起こり、絵画やシンボル機能などが初めて登場した時代である。多くの研究者はこのころにはすでに言語も存在し、神話も語られ始めていたと考えている。第一章の三七頁の図で、Y染色体の初期拡散とゴンドワナ型神話の一致傾向が示されている。そしてこの遺伝子の流れの終着点の一つが日本列島なのである。

日本列島への最初の人類移住には三つのルートがあった。そのうちの一つはシベリアから北海道に至るルートである。ユーラシア大陸への人類移動において、海部陽介氏の言うように、南北のルートの成立時期に大きな差がなかったとすれば、北回りに列島に入ってきた最古の神話もあったはずだ。

さらに朝鮮半島から北九州に至るルート。またそれ以外に、琉球列島ルートを通って日本列島に渡ってきた集団も、列島最古の神話を語っていたはずだ。しかしその頃はまだ文字がなく、神話は口頭伝承だったので、直接的な証拠はない。地中から神話を発掘することはできないからだ。

では旧石器時代、日本列島に到来した人類が語っていた神話の痕跡は、まったく残されていないのだろうか。そうであれば本書もそろそろ、ここで打ち止めである。

ここで、文字で書かれた『古事記』や『日本書紀』、あるいはその他の資料にその痕跡が断片的に残っていると仮定してみてはどうだろう。その痕跡を見つけるための具体的な方法論は世界神話学が示してくれる。世界各地のゴンドワナ型神話に頻出する神話モチーフを、『古事記』や『日本書紀』、さらには日本の民話、沖縄やアイヌ民族の神話や伝説などの中に探してみるのである。

以下、困難な作業ではあるが、世界神話学説に基づいて、日本列島最古の神話の輪郭を大胆に推測してみたい。まずこの時代の人類ならどのような思考方式をもっていたか確認することから始めよう。

人間が動物界の一員だった頃

インド洋に浮かぶアンダマン諸島は本書にもたびたび登場した、人類移動南ルートの要衝《ようしょう》である。この地で狩猟採集を行う島民の祖先の大部分は動物の名前を持ち、その祖先はその名前の動物と同一視される。すなわち動物と人間には密接な関係があり、ときとして、一方から他方に変わることができるのだ。別の報告によれば、彼らは鷲やトカゲ、蟹、蛇あるいは亀などもかつて人間であったと考える。彼らによれば人間の体毛や痣《あざ》などはその名残である。このような変身の考え方は狩猟採集民においてしばしば見られる思想である。

またカラハリのサン族は、動物の話をするとき、それぞれの動物の口真似をして、動物自身が話しているかのように発音するが、これは自らをその動物と同一化している証拠である。アイヌの神謡ユーカラにも、しばしば動物が主人公として一人称で語る話がある。これも同様の思考だろう。

狩猟を行う旧石器時代の人々に必然だったのは狩りで動物を殺すことである。そのため彼らは、狩った動物の霊を大事にいただくための儀礼や観念を持っていた。狩猟民にとって動物を殺すのは虐殺ではなく、儀礼的な行為である。彼らは多くのタブーを経てはじめて動物を狩ることを許されるのであり、それゆえ動物を射止めることには、彼らの死に参加し、彼らの運命と自らの運命を宇宙の営みに同一化するという神話的な思考が伴うのだ。

ドイツの民族学者レオ・フロベニウスが記録しているピグミーの狩猟儀礼はこうである。彼らは狩猟に出かける前に、夜明け前に丘の上でこれから殺す動物の絵を描く。そこは朝日が昇ると最初に日が差すような場所である。やがて日の出とともに光がその動物の絵を射るように差す。するとそのときを待っていたハンターが絵をめがけて矢を放つ。フロベニウスが確認に行くと、地面に描かれていたのはアンテロープで、矢はその首を射抜いていた。そして実際の狩りでも矢は正確にその場所に当たった。

この場合、太陽自体がハンターで、その光線は矢、射止められたアンテロープはもともと天に輝く星座の一員で、狩りによってその魂は太陽とともに天に戻り、また夜になると蘇り、再び空に輝くことになる。この儀式からも、自然の秩序に添って大事な命をいただくという彼らの思想を窺い知ることができる。

狩りに出た先で超自然界と接し、人間が動物に変身することもしばしばある。アメリカ人のR・ヒッチコックが北海道アイヌのものとして報告している伝説である。ある狩人が熊を追いかけて洞窟の中に入った。そこは人間の世界と同じだが、それよりもずっと綺麗だった。そのことを気にもとめず狩人がずっと追跡を続けていると、いつの間にか自分が蛇に変身しているのに気づいて愕然とする。しかし松の木の下で眠ると神様のおかげで蛇の皮がはがれ、また人間の姿に戻った。しかしまた眠ると神が出てきて「お前は地下世界のぶどうと桑の実を食べたので、もう人間界には戻れない。地下界の女神がお前に恋をして熊の姿になってお前をおびき寄せたのだ」と告げた。やがて狩人はひどい病気になり死んでしまった。

地下界に行った狩人が蛇の皮を着ていることの基礎には、多くの狩猟採集民の間にある、動物は人間ないし神が皮をかぶった姿だという変身の思想がある。その延長上に仮面文化も存在している。アイヌの間では神（カムイ）が動物の皮を着て人間界を訪れてくれるとされる。だから狩猟動物を神々として迎え、ありがたくいただくことにより、神の世界に戻ってもらう。その最たるものが子熊を育てて、儀礼的に射殺すイオマンテの儀式である。このアイヌの動物に対する観念や意識も、動物と人間とが共通に生きていた時代の思想が儀礼として歴史時代まで続いたものと理解することはできるであろう。

山の神とアニマル・マスター

また、旧石器時代の彫刻にみられる女神は狩猟採集民の間に見られる「山の神」に相当するだろう。シベリアのツングースでは、狩猟儀礼の際にシャーマンの魂が女神の元に赴くとされる。すると女神は、はるばるやって来てせがむのだからというので、袋の中から動物の毛を取り出してそれをくれる。シャーマンがその毛を地に撒くと野生のトナカイになる。この「山の神」の原型となる女神こそ、旧石器時代に出土するヴィーナス像であると考えてもあながち的外れでないだろう。ヴィーナスは「原母」として農耕社会に受け継がれるが、その原型は旧石器時代の狩猟にまつわる神、後述する「アニマル・マスター」であった。

サハリンに住むニブフ族は海で泳ぐシャチには主がいると考える。この主は本当の姿は人間であり、今見ているシャチの姿はかれがボートに変身した姿だというのである。また大シャチについてくる子シャチはシャチの主の刀だとされる。つまり動物も人間と同じような風習をもっていると考えるのだ。主というほどではないが、アフリカのサン族の間では、ヌゴーと呼ばれる草ヘビ、実際は小さい芋虫が神聖視されている。その体から矢毒を造るので、その虫がすべての動物の生死を左右するとされるのだ。狩猟で獲物を捕まえたら、肉を切るときにそのヌゴーと同じように腕を動かして切るようにと父親は息子に教える。

　人間は基本的に動物を殺すことに罪悪感をもっていた。と同時に彼らは動物の主、アニマル・マスターという観念をもっていた。これは動物の支配者、狩猟されることを目的に動物の群れを放つ存在である。多くの狩猟神話は動物世界と人間世界との契約という性格をもっている。動物は自分の命がその物理的な体を超越し、復活の儀式を通して動物の世界に戻るという了解のもと、喜んで命を捧げる、そう考えられているのである。アイヌのカムイの考え方はまさにその一例である。

　その土地土地により、もっとも重視される動物は熊、バッファロー、鮭あるいはアフリカならエランドという大きな羚羊《れいよう》であったりする。これらがしばしばアニマル・マスターのモデルとなる。東北地方や信濃川流域に伝わる「鮭の大助」の信仰にもその系譜が辿れるであろう。この信仰によれば、鮭の群れには大助・小助という主がいる。彼らが川を遡ってくるときは声がするので漁は休まなければならない。守らない者には災いが訪れると信じられている。

　また狩猟社会にしばしば登場するシャーマンも、儀礼の最中、動物に化身する。もともと動物は人間と同根の神秘的な存在であり、その出現や立ち居振る舞い、あるいは鳴き声は、彼らの重要なメッセージを伝えるのだ。旧石器時代の壁画に描かれたシャーマンらしき像が動物の格好をしているのもそのためである。狩猟民にはそのメッセージを読み解く必要があった。この必要から神話が生み出されてきたのではないか、そう私は考えている。

旧石器時代の人類がこのような思考方式をもっていたとすれば、彼らは世界や人間の成り立ちについてどのような神話を語っていただろう、そんな視点から、彼らの神話に関しては考察する必要があるだろう。

洪水神話

世界の神話にもっとも広範囲に見られるのは洪水神話だと言っても過言ではない。かつて文献民族学の泰斗《たいと》、英国のジェームズ・フレーザー卿やアメリカの民話学の大家、アラン・ダンダスをはじめとする多くの研究者が洪水（flood）ないし大洪水（deluge）神話の世界的広がりについて論じている。

洪水神話の起源として有力なのはバビロニアである。それがギルガメッシュ叙事詩などを経て、ヘブライの神話、そして旧約聖書のノアの方舟の話へと連なっていくと考えられている。そして大航海時代、キリスト教宣教師の布教によって世界中に広がった、そうこれまでしばしば言われてきた。

たとえばポリネシアでは洪水ではないが、海がせり上がってきた（津波？）ので、大きなカヌー、それもしばしば双胴のカヌーを作り、その上に甲板を張り小屋を立てて男女、さらには作物や家畜の番《つがい》を積んで新たな島を目指し船出したという神話が広がっている。一見、ノアの方舟の南海版とも思われるが、ポリネシア人は事実、双胴のカヌーの上に小屋をつくり、新しい島で生存するために作物や番《つがい》の家畜（豚、犬、鶏）を積んで船出した。そうでなければ資源のない島々で新しい生活を始めることはできなかった。人間は当然、男女が、また家畜も雄雌がなくてはならなかった。

ポリネシアの移住神話のひとつひとつが事実かどうかを論ずるのは本章の目的ではない。私が言いたいのは、世界に存在するさまざまな洪水神話が必ずしも聖書の影響とは言えないということである。キリスト教の影響がほとんどない地域、あるいはその影響を受ける前に記録された事例も世界各地に見られるからだ。

すなわち洪水神話はゴンドワナ型神話、ローラシア型神話ともに広く見られるものなのだ。これだけ広範囲の分布を示しているということは、むしろそれは共通の、すなわち旧石器時代に遡りうるモチーフであったと言えるのではないだろうか。

洪水神話とは狭義には、人間が何か悪さをして、それを罰するために神が大水や津波を送る、そして生き残った少数の人間や男女（多くは母と息子、あるいは兄妹）が新しい人類の始祖となるというものだ。一方、最初からこの世が水に覆われており、唯一存在した島に天から、あるいは舟に乗って最初の始祖がやってくる、あるいはすでに紹介したように水底から動物などが砂を持ってきて陸を作る、などというパターンもある。これは原初大海型と言われ、オノゴロ島に降るイザナキ・イザナミの話もこれに属する。沖縄の民話では島に最初の男女が舟でたどり着き、ヤドカリの交尾を見て最初の交合を行うなどの話が多い。

キリスト教の影響が世界各地で見いだせることは間違いない。だが汎世界的に広がっている洪水神話を、アジア大陸のどこかから日本列島に渡ってきた集団が語っていたという可能性のほうがやはり高いのではないだろうか。

次に洪水神話の存在を別の可能性から考えてみよう。

氷河期の終わりと洪水神話

次にオーストラリア・アボリジニが伝える神話を見てみよう。地理学者のP・ナンはオーストラリアや太平洋諸島の洪水神話と地理学的変動との関係を探ってきた。たとえば、グレートバリアリーフにも氷河期には海岸低地が広がっていた。海面上昇とともにそれが水没したのだが、そこに浮かぶ島に住むアボリジニたちの間には、かつて陸続きであった自分たちの土地が、海がせり上がってきたので沈んでしまったという伝承が見られる。同様の伝承はオーストラリア大陸の周りに浮かぶ島々からもまんべんなく採取することができた。

一つの事例はングルンデリ族に伝わるものである。それによると、男たちが女たちを追いかけると、彼女たちはカンガルー島に逃げていった。そのころ島へは徒歩で渡れたが、男たちが怒って海をせり上げてしまったので女たちは岩となり、今では本土と島の間に見える岩になってしまった、という。これが実際の海面上昇に相当するなら、今から約一万年前に起こったことのはずだとナンは推測する。

このようなシンプルな話以外にも、動物や「海の目」に悪さをしたので神が懲罰のために洪水（津波）を起こした、という話も少なくない。これには聖書の教えの影響も否定できないが、次に見る沖縄の「ヨナタマ」型の説話とみることも可能だろう。

私は『「物言う魚」たち：鰻・蛇の南島神話』の中で沖縄の津波伝承を論じたことがある。これは古くは民俗学者・柳田國男が論じた「物言う」魚の論考からヒントを得たものである。

それは次のような話である。漁師が海で人魚を捕まえる。それを食べようとすると「ヨナタマ、ヨナタマ、どうして遅く帰る」という声が海から聞こえてきた。災害が起こることを察知した彼は山に逃げたが、信じなかったものたちは津波の到来で死んでしまった。柳田は「ヨナタマ」は古い言葉で「海霊」を意味するという。沖縄ではこの話が明和大津波と結びつけて語られることが多い。実際に一八世紀に石垣島の沖を震源にして起こった津波によって、石垣島や宮古群島は大被害を蒙った。石垣島の白保の津波石、あるいは宮古群島・下地島《しもじしま》の通り池などのように、この津波でできたと伝えられる地形は多い。

もっとも、津波ないし洪水のような禍事《まがごと》が人間の誤りによって起こるという観念は古くからあるから、その観念が津波のたびに再認識され、新しい物語として語られることになったのではないか、そう私は考察した。もしアボリジニの洪水神話が旧石器時代にも遡りうるなら、琉球列島でも同様のことが言えないだろうか。

三万八〇〇〇年前、台湾付近から最初に琉球列島へ人類が渡ってきたとき、実は台湾は、氷河期の海面低下によって中国大陸の一部となっていた。したがって、この最初期の時代には、アボリジニのように実際に起こった地表面の水没を神話化した物語をもつことはなかったであろう。しかし琉球への到来が一度きりではなく、何度か繰り返されたとすると、その後の集団の中には土地の水没という危機を経験したものもあったかもしれない。そのような体験が「洪水神話」の民俗的記憶的基層を形成していった可能性は、あるのではないか。

死の起源

第三章でゴンドワナ型神話について論じたとき、アフリカのヌエル族やアボリジニの間では、水に浮かぶ瓢箪や木の皮を選べば人間は死ぬ必要はなかったのに、沈む壺や石を選んだので死を迎えるようになったという話を紹介した。同じように誤った選択の結果、死を迎えるようになったとする話が記紀神話にある。

コノハナサクヤビメはオオヤマツミノカミ（山神）の娘であった。天孫降臨してきたニニギノミコトがオオヤマツミの二人の娘のうち、姉のイワナガヒメ（岩のように永遠の命をもつが美人ではない娘）ではなく妹のコノハナサクヤビメ（木に花が咲くように美しいが、花が散るが如く短命な娘）、つまり甘美な方を選んだので、その子孫である天皇は死ぬ運命になったとする神話である。このあと女神はすぐに妊娠し、ホデリノミコトとホオリノミコト、すなわち海幸と山幸を生む。一夜の交わりで妊娠するはずがなく、すでにだれか国津神の子どもを身ごもっていたのではないかとニニギノミコトに疑われた女神は、身の潔白を証明するために火の中で出産（火中出産）する。すぐに身ごもったためコノハナサクヤビメは安産の神として方々の山神神社で祀られている。

またアイヌ民族には神が人間を造るとき、何で造ったらいいかを雀を使って天神に尋ねさせる話がある。天神は木で造ったらいいと答えたが、後になって石で造った方が堅固でいいと考え直し、カワウソを呼んでそのことを伝えさせようとした。カワウソはこの伝言を伝えに地上に降りたが、川で群れている魚を取ろうとしていて伝令が遅れた。そのために雀が伝えた「木で造るべし」に従って人間は死ぬ運命になった。天神は怒ってカワウソの頭を踏んだ。それで頭がつぶれてカワウソの頭はいまでも平らになっている。この話には誤った伝令のモチーフも入っており、アフリカにある話と共通する部分がかなり多いと言えるだろう。

このイワナガヒメとコノハナサクヤビメのどちらかを選ぶというモチーフは、東南アジアなどに伝わるバナナ型の死の起源神話の一ヴァリアントと理解してよいだろう。バナナ型という名は、インドネシア・スラウェシ島のトラジャ族の次の神話から命名されたものだが、この神話の背後には、甘美なものを選んだ故に人間は死ななければならなくなったという思想が潜んでいる。

はじめ、天と地の間は近く、神が縄に結んで食料を天空から降ろしていた。その食料によって人間は生きていたのだが、ある日、神は石を降ろした。最初の男女は「これは石だ。他のものをください」と叫んだ。それで神は石を引き上げて代わりにバナナを降ろした。二人は走り寄ってバナナを食べた。すると天から声が聞こえた。「バナナを選んだから、お前たちの生命はバナナの生命のようになるだろう。バナナの木が子どもを持つときには、親の木は死ぬ。そのように、お前たちは死に、お前たちの子どもが跡を継ぐだろう。もしお前たちが石を選んでいたなら、お前たちの生命は石のように永遠であったろうに」と。

この思想はアフリカまでたどることができる。ザンビアのイラ族の神話では、最初の男女が神から、一つは生を入れ、もう一つは死を入れた二つの袋のどちらかを選ぶようにと言われる。一つの袋はきらきら輝いていたので愚かな夫婦はそれを選んだが、それには死が入っていたので数日後に子どもの一人が死んだ。しかし神がもう一度チャンスを与えたとき、彼らが子どもを生き返らせてくださいと請うと、もし三日間食事を控えたらその願いを叶えてやろうと言った。だが彼らはとても空腹だったので食事をしてしまった。それで人は死ぬ運命になった。

もし甘美なことを覚えたがゆえに死が訪れるのだとすれば、性の歓びとの引き替えの死も同じだろう。ミクロネシアのヤップ島の次の話もこの流れを汲む。昔、人間は不死だったので、若い男女と住んでいた老女は、死ぬ間際に埋葬して七日したら掘り起こしなさいと命じた。そうすればまた生き返ることができるのだ。その七日の間のある日、娘が木に登った。下からそれを見ていた若者はその股間を見て欲情した。こうして二人は初めて愛し合う歓びを知り、八日が経ってしまった。あわてて二人は墓を掘り起こしたが、時すでに遅く、老婆は骨になってしまっていた。これ以後人間は死ぬ運命になった。

このように、食あるいは性の歓びを得た代わりに人間に死が訪れる。食や性の結果としての生命の再生と、再生を必要としない永遠の命とは両立できないからである。

旧石器時代の遺跡には埋葬の証拠があることから、当時からすでに人類は死と再生の観念をもっていたと推測される。したがってこのような死の起源の神話はその当時から存在していたと推測できる。以下ではさらに、旧石器時代の神話内容を探っていこう。

脱皮型死の起源神話

ゴンドワナ型神話ではさまざまな死の起源が語られるが、この死の起源に関しては、ローラシア型神話にも受け継がれているものが多いように思われる。死の起源はゴンドワナ型神話の関心の中心であった。

その一つが脱皮型の死の起源神話である。この脱皮型の死の起源神話はローラシア型神話の原型の一つであるメソポタミアのギルガメッシュ神話にも登場するが、それはより古

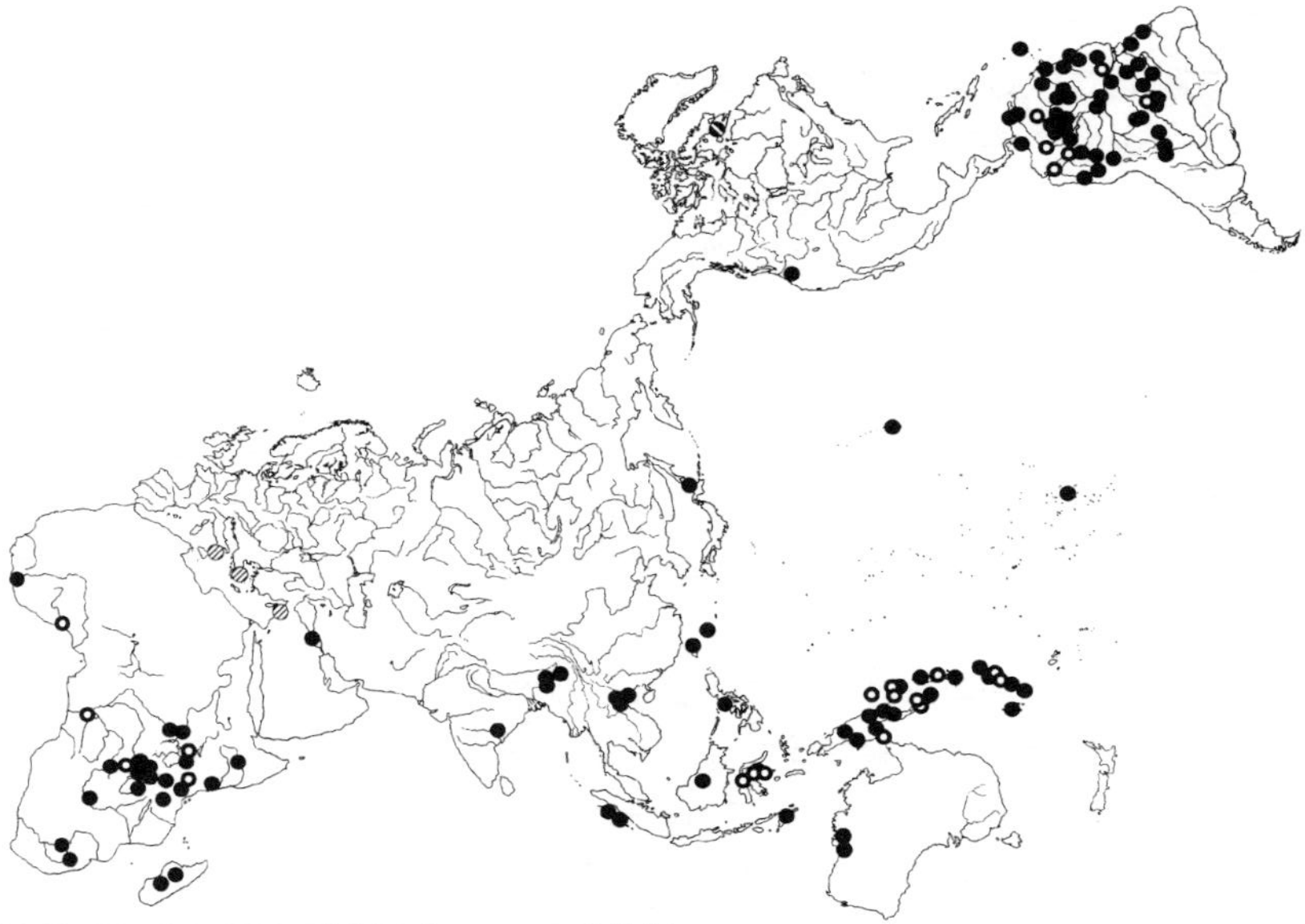

脱皮型の死の起源神話の分布図（Berezkin, 前掲書）

いゴンドワナ型神話の痕跡ではないかと考えられる。というのも脱皮型の死の起源神話はアフリカに多く、また台湾の先住民の間にも類例がたくさん見いだせるからである。さらにこれらの地からは遠く離れた南米南端のセルクナム族にも、これに連なる古層神話と思われるものが存在する。

それは、かつて人間は蛇のように脱皮していたのだが、何らかのきっかけで脱皮できなくなったために死ぬ運命になったという話である。アフリカのシエラレオネのコノ族の神話では次のように語られる。昔、最初の男女と、彼らの間に生まれた男の子がいた。至高神は彼らに、三人は死ぬことはないが、年をとったら体に合わせて新しい皮膚に付け替えなければならないと言った。神はそのための新しい皮膚を包み、犬に人間の所に持って行くように頼んだ。犬は途中でごちそうにありついている他の動物と出会った。そして一緒にごちそうを食べていると、包みの中身のことを聞かれた。それが人間たちが生き返るための新しい皮膚だと言うと、そのことを盗み聞きした蛇がそっと抜け出し、その包みを盗み、他の蛇たちと分け合った。そのせいで人間は死ぬ運命になった。盗んだ蛇は追放され、野で暮らすという罰を受けた。それ以来、人間は蛇を憎み、見つけたら殺そうとするのである。

インドのダンワル族も昔、人間は不死だったと伝える。

昔、死の使者が来ると、人々は脱皮して、魂の代わりに皮を使者に与えていた。死の使者は地下界にそれを干して貯蔵していた。あるとき死の使者が人間の皮を持って帰っている途中で、蛇の娘が遊んでいるのを見た。彼は恋に落ち、彼女を家に連れ帰り結婚したが、そのときに人間の皮をその場に置き忘れてしまった。

しばらくして、彼は自分の役目を思い出して言った「戻って皮を取ってこなければ」。それを聞いた蛇の兄が使者に言った「人間の皮を取ってくる代わりに私の皮を取りなさい」。それで使者は蛇の兄の皮を取って死の王に願った「ご主人様見てください。私は蛇族の娘と結婚しました。代わりに彼らの皮を持ってこさせてください。そうすれば蛇たちは生き長らえ、人間は死ぬでしょう」と。王は同意しそれ以来、蛇は脱皮して生き長らえ、人間は死ぬようになった。

東南アジアにも脱皮型神話は数多い。たとえば、ボルネオ島の先住民の一つドゥスン族には死体化生型と結びついた、脱皮型の死の起源神話が見られる。

海の中の大きな岩の割れ目から男女が現れた。彼らは空、太陽、月、星座、さらに息子と娘を一人ずつ作った。しかし食べ物がなかったので娘を殺してその体を切り刻むと、その死体から色々なものが成長してきた。頭からはココ椰子、腕からサトウキビ、指からバナナ、そして血液からは米、また動物たちも生まれてきた。男は動物たちを集めて尋ねた。「誰か脱皮できるか。それができる者は死ぬ必要がない」と。蛇だけができると言った。だから今日まで蛇は脱皮するのだ。

メラネシアも脱皮型神話の宝庫である。たとえばビスマルク諸島のタンガ島のものは次のようである。

老女が孫二人と住んでいた。彼女は年老いたので脱皮して再生するために、こう孫に忠告した。これからしばらくの後、若い女が戻ってきても、妻ではなく、お婆さんと呼びなさいと。しかし思春期になっていた兄は「私の女」(=性交の相手になりうる女性に対する呼びかけ)と呼んでしまった。それでお婆さんはもう一度しなびた皮を体にまとい直し、人間は、これからは老いたら死ぬ運命になったと嘆いた。

この話では、なぜ脱皮して若返ってはいけないのか、その理由が語られている。つまりそうすると、息子や孫と母やお婆さんが交わってしまう、すなわち近親相姦になってしまうからである。

この脱皮型神話は、じつは琉球列島や台湾にもおよんでいる。戦前、沖縄に滞在したロシアの学者ネフスキーは宮古群島で、人間が蛇のように脱皮していたという話を採集している。

ある日、月と太陽が地上に使いを送り、二つの桶を運ばせた。その一つには若水が、もう一つには死水が入っていた。月と太陽の願いは、人間に若水を浴びせ、いつまでも生き返られるようにすることだった。蛇には死水をあびせて殺してしまおうと考えていた。しかし使いの者が桶を運ぶ途中で疲れて休み小便をしているすきに、蛇が若水を浴びてしまった。使いの者は困り、こともあろうに死水を人間に浴びせてしまった。そのため蛇は脱皮して生まれ替わることができるようになった。一方、人間は死ぬ運命になった。

若水の話は奄美大島にも見られるが、こちらでは、神から若水を運ぶように言われた鳥が誤って人間ではなく蛇にかけてしまったという話になっている。あるいはヒバリが若水をこぼしてしまい、残り少なくなったので人間の指先にしかかけられなかった。だから、人間の体では爪だけが生え替わるのだという話もある。

やや変形しているが、台湾にも脱皮型の死の起源神話は見られる。たとえば、タイヤル族では次のように伝える。

昔、ある男が「自分に糞を塗ってくれれば、あなたたちは蛇が脱皮して若返るように、老いることはないだろう」と言った。それで先祖の人たちは、毎日代わる代わるその男に糞を塗ってやっていたが、だんだんいやになり、とうとうやめてしまった。男は憤慨し、肥溜めの中に身を投げて死んでしまった。この後、人間は寿命が短くなった。

土中誕生とヴェジタリズム

人間は土中から出てきたとする神話も世界中に分布する。インドのアッサム地方のアオ＝ナガ族では、昔、首長が太陽を飲み込んで世界が大暗黒になったために、人間が動物になってしまうなどの大異変が起こり、そのあとチヒンルンという所にある地面の穴から男女が出てきて現在の人類となったという。済州島では三神人が山の穴から出現して、島の住民の祖先となる。先に紹介した北米先住民の四時代神話も、この土中誕生のモチーフを含んでいると言えるだろう。

ブラジルのムンドゥルク族の話は次のようなものである。

ある日アルマジロが創造神を怒らせてしまい、地中の穴に逃げ込んだ。神がその穴に息を吹き込むと、アルマジロは穴から吹き出されてしまった。アルマジロが地中には人間がいたというと、神は木綿の糸を垂らす。地下の人間たちはそれを伝って初めて地上に出ることができた。しかし半数が出たところで糸が切れたので、残りは地下に留まらなければならなくなった。そのために、夜になると太陽は、地下住民の世界を照らしに地中に入るのである。

日本列島において土中誕生のモチーフが顕著なのは沖縄、とくに宮古・八重山の先島《さきしま》諸島である。石垣島の白保では、アマン神が日の神の命令で天から土砂を海に投げ入れて槍、鉾でかき混ぜ、島を作った。そこにヤドカリが生まれ、さらに地中の穴から男女が生まれた。男女は交合のやり方をヤドカリの交尾から覚え、人間が増えていった。

土中誕生はタイヤル族など台湾に多いが、ラオスやタイなど東南アジア大陸部にも広く分布する。さらに南方ではインドネシアのスラウェシ、フローレス、ティモール、マルク諸島などにも続く。一方ニューギニア島南部やトロブリアンド諸島では、最初の人間は、大地に空いた水穴から出現したとされる。この思想はオーストラリアやポリネシアにも見いだせる。

再び日本に戻ると、大林太良が指摘している事例だが、神功皇后が新羅から戻ったとき、黒いものをかぶった男女の英雄が土中から出現したという九州日向地方の民話が『塵袋』に記されている。また大林によると諏訪縁起に関連する甲賀《こうが》三郎《さぶろう》の説話もその名残を留めている。

三郎は近江甲賀郡の地頭の三人兄弟の末っ子であった。三郎は大和の国主となり、春日権現の娘の春日姫と結婚する。姫が行方不明となったが穴の中で姫を探し出す。しかし姫が穴の中に忘れた鏡を三郎が取りに戻ると、兄たちが綱を切ったために奈落の底に残されてしまう。その後三郎は地底世界をさまよい、維縵国《ゆいまんこく》の国王の娘と契を結ぶ。そして王と娘の協力で地上に戻ることができたが、三郎の体はいつのまにか蛇となっていた。しかし最後は僧から人間に戻る術を教えてもらい、春日姫とも再会し、最後は諏訪大明神として祀られるようになった。この説話は柳田國男も注目し、三郎が放浪した地下の国を祝詞に登場する「底の国」「根の国」あるいは『古事記』でイザナキの赴いた黄泉の国と対比している。

大林は、土中誕生は土に作物を植える農耕民の思想であろうと推測するが、岩穴や洞穴からの出現はアフリカのサハラ以南のコイサンなどにも広く見られるので、ヴィツェルはゴンドワナ型神話群に由来すると考える。私も、たとえば石垣島のヤドカリの話など農耕活動とはほとんど関連のない文脈での話になっていることから、現生人類初期の時代に遡ることのできる思想ではないかと考える。

この土中誕生と関連して、人間は蛆虫のような虫から発生したというポリネシアなどに見られる神話、またピグミーなどに見られる、人間は植物から生まれたとされる、いわゆるヴェジタリズムの思想も人類の神話として古くに遡るのではないかと考えている。この思想は主に東南アジアやニューギニアに見られるが、アフリカでも、ズールー族をはじめ、人間が葦の根本から発生したという話が広くサハラ南部に分布する。竹取物語や桃太郎の説話にも、土中誕生譚は遠く関連しているかもしれない。最初に日本列島に到来した集団に、これらの物語の原型となる人類の植物からの誕生、あるいは土中からの誕生の神話があったのではないかという仮説を提唱しておきたい。

粘土から造られた人間

さて以上考察してきた洪水神話、脱皮型神話、土中誕生や植物からの人類の誕生はいずれもジェームズ・フレーザーが『旧約聖書のフォークロア』において、人類に最も共通する神話であり、人類史の古層に属する神話ではないかと指摘した事例である。さらにフレーザーは『旧約聖書』冒頭に見られる矛盾、すなわち人間の創造に関する矛盾を指摘する。「創世記」の第一章では神々がすべての動物を造ったあとに、自らに似せて男女を造ったとされる。一方、第二章では、神は最初に人間の男を粘土から造り、その肋骨から女性を造ったとする。

フレーザーは、この矛盾が、第一章はバビロニアの司祭たちによって書かれた「祭司資料」に、第二章はそれよりも古い「ヤハウェ資料」に基づいていることによるとした。そしてフレーザーは、後者の方がより庶民的で豊かな世界を描いているとみなす。

この粘土から人類が造られたという思想が、アフリカ、カナリア諸島、アンダマン諸島、メラネシア、ポリネシア、あるいはアボリジニなどに広がっている事実は注目すべきである。粘土をこねて人間を造るという発想は土器の発生、すなわち新石器時代以降のものとすべきようにも思われるが、ポリネシアのマオリ族やアボリジニのように土器を持たない民族の間にもこの神話は見られるので、それよりもさらに古い時代、すなわち旧石器時代に遡る可能性も捨てきれない。

ゴンドワナ型神話の意義

人類最古の神話の趣を残すゴンドワナ型神話の意味するところは、正直とらえどころがなく、描写するのが難しい。しかし別の角度から次のように考えてみてはどうだろう。

元来、人類の社会は狩猟採集民の多くに見られるように、類人猿から受け継いだ平等社会であったが、新石器時代以降に富の蓄積が始まり、不平等が生じて階層的な社会になったというのがよく言われるストーリーだ。ところがクリストファー・ボームは『モラルの起源』で少し違ったストーリーを描いている。

ゴリラはもちろん、人類により近いチンパンジーやボノボの社会はかなり実力社会、つまり力のある雄ないし雌（ボノボの場合のみ）が群れを支配的に制御する社会である。ボノボでは、ただし群れの秩序を乱す無法な雄を雌が集団で罰する集団制裁のような行為も見られるという。それどころか類人猿の社会では「死刑」の存在さえ否定できないようだ。ボームは、これは人類社会に至る「前適応」であるとする。次の発達段階になって初めて威力を発揮できるような特徴が、前の段階ですでに形成されているのだ。

人類が誕生すると知能の発達の結果として、社会の中の逸脱者、たとえば力ずくで資源を多く占めようとする者、あるいはズルをして労力をかけずに分け前にあずかるフリーライダーなどが発生した。しかし狩猟採集民の多くでは、これらを排除する力も働くようになった。このような輩《やから》がもし生存に有利であったとすれば、そのような遺伝子の方が選択され、人類の社会は争いの絶えない、あるいはズル優先の不道徳な社会となり、早晩滅びていただろう。一見不利になる、つまりコストが大きいと思われる利他主義者が多く残って形成したものが、人類最初の社会である狩猟採集民社会だったのだ。

ボームはアフリカのサン、東南アジアのアンダマン諸島人、北米のイヌイット、南米南端のヤーガンなど広範な人類の間で利己的な人物に対する制裁が共通に見られることを統計的に示している。制裁には力ずくのものもあれば、仲間はずれ、無視、あるいは呪いなどもあるというようにその形態はさまざまだが、最悪の場合、近親者に死刑を行わせることもあったようだ。

このようにして、乱暴やズルは最後には損をするという教訓を、人類は脳の発達によって内面化した。これがモラルの誕生である、そうボームは結論したのだが、私は、この説を知り、現世の狩猟採集民の多くが保っているこのような慣習こそゴンドワナ型神話の基盤をなしていたのではないかと考えるに至った。

しかし鉄器が発達し武器の殺傷能力が高まり、また経済的な不平等が生じ、宗教が不平等を覆い隠すイデオロギーとして機能するようになると、力のある者、能力のある者が権力を握れる社会になっていった。ローラシア型神話がしきりと王や貴族などが誕生した理由を説明しようとするのは、その結果だったのではないだろうか。

ゴンドワナ型神話が語ること

ゴンドワナ型神話とは、物語化するのが至難な、というか、そもそも「物語」という営みが成立する以前に存在していたホモ・サピエンスの原型的な思考である。ローラシア型神話は神がいかに世界と人間を創造したのか、いかに人間はその生存域を拡大したのか、また人間の間にいかにして不平等が生まれていったのかを語る神話である。一方、ゴンドワナ型神話は、そもそも人間と、動植物や自然現象を区別しない時代、人間もその一員として森羅万象や動物、木々や花々とともにささやき合っていた時代の神話である。言いかえればそれは文字が要らなかった時代の神話とも言える。少々勇み足をして言えば、それは、自民族中心主義や征服者の思想には決して導かれることのない神話、すなわち現代の世界にもっとも必要とされている思考方式とは言えないだろうか。

ふたたびモラルの起源に戻れば、狩猟採集民の社会では、仮に狩猟が得意な者がいたとしても、あからさまにそれを自慢することは、とても嫌われるという。ましてや肉を独り占めにしたりすることは御法度である。同じ集団で互いに依存して生きることをもっとも重視しているからだ。

多くのゴンドワナ型神話に、動物も天体も人間と同じく地上で暮らしていたという思想が見られる。デボラ・ローズの『生命の大地：アボリジニ文化とエコロジー』によると、アボリジニたちの思想には「すべてのものは、すべてのものに繋がっている」という考えが根幹にある。そして「ないものはない」、すなわち人間も動物も森羅万象もそれぞれが役割を果たしており、それぞれが存在する権利を持ち、意味のないものはないとされる。これは近年、ディープ・エコロジーなどと称される思想に近いものがある。

私はこのような思想の構造を、籠のような張り構造（テンス・ストラクチャー）と表現したい。この概念はもともと英国の人類学者ティム・インゴルドが技術人類学のために提唱したものである。

中心に骨があって、その周囲の肉を支えている、というような、宇宙を人体の比喩によって表現するのがローラシア型神話の特徴である。だが、このような構造には、必ず中心と側面、本質と表象のような区分が生じてしまう。

一方、「張り構造」では、すべての要素が互いに互いを支え合っている、そしてどこかが欠落すれば全体のバランスが崩れる。籠を解いていってもどこにも世界の神秘などは存在しない。なぜなら、その籠そのものが世界だからだ。人間も動物も風や天体などの森羅万象も、互いが互いを頼りあい、互いが互いを参照する。そこにはどれがより大事ということはない。上も下もない。だから支配も被支配も、権力も搾取も無縁である。

ローラシア型神話には無からの創造という特徴があった。当然、創造するのは神であり、その神は絶対的な存在である。一方、ゴンドワナ型神話では、神的な存在もしばしば祖先の精霊として登場するとしても、その役割はきわめて限定的であり、もともとあった要素を秩序立てるような役割に過ぎない。またこの「神」は、仕事が終われば、どこかに去っていってしまう。そして後世の人々は、風や木々のささやき、あるいは儀式の太鼓や笛の音などでその声を思い出す。祖先の精霊は別に人間たちを支配するわけではない。また人間たちの役割も、常にそれを語り、思い出すことにある。

カラハリのサンもアボリジニも自分たちは旅をしている、と考えるという。そこには季節的に空間を移動しているという意味だけではなく、時間を旅しているという意味も含まれている。世界は常に流動している。川も海も、雲も風も、太陽も星も。その流れに逆らわずに生きていく。もともと人間も動物も太陽も風も一緒に暮らしていたのだから。

行き詰まった現代社会にこそ必要とされる思想

解決の糸口が見えない、現代の人類社会。どんな思想も大宗教も解決策を提案できないでいる今日、よほどの革新的な思考の転換が必要だ、そう多くの人々が感じ始めているのではないだろうか。私にも答えはわからない。しかしこんなときにこそ、人類としての原点にもどってみるべきではないか、このところ私はそう考え始めている。

近年、長いあいだ西欧的な思考、そして人類学や神話学を支配してきた「自然」と「文化」の対立という二元論に疑問が呈されるようになってきた。その動きは常に自然界の動植物を殺して生きていかねばならない狩猟採集民の民族誌を読み直すことから始まった。さらに一時期さかんに唱えられた「自然は社会的構築物である」というしたり顔の人類学者の考え方にも今、疑問が呈されている。狩猟採集民は、自分たちが利用する自然との間に互酬性、互いに「生き・生かされる」関係を認識している。動物の擬人化あるいは人間がかつて動物だったという神話的思考も、隠喩や象徴的思考ではなく、ましてや科学が進歩する前の原始的思考でもない。そうではなく、ほんとうに人間は動物であり、動物は人間だったのだ。これからは、そこから議論を始めなくてはならない（ポール・ナダスディ「動物にひそむ贈与」、『現代思想：人類学の時代』、E・コーン『森は考える』など参照）。

これまで長いあいだ差別されてきた世界各地の先住民や狩猟採集民に対するリスペクトの動きは、それ自体では歓迎すべきことではある。しかし、環境保護のために彼らの叡智に学ぼうとするにしても、動植物や自然界に関する彼らの思想をほんとうに真正面から受けとめ、信じられる人はまだまだ多くはないだろう。「かつて動物も風も岩も人間だった。動物も植物も木々も思考する。岩も人間の活動に聞き耳を立て、監視している」という彼らの主張をたんなる環境保護のための方便ではなく、彼らと同じ次元にたって体感し、実践に活かしていこうという覚悟は、まだわれわれにはできていない。

　ゴンドワナ型神話の再評価は、きわめて今日的な課題である、そう私は考えている。

　私なりにゴンドワナ型神話の教えを現代の実践思想として表現するとこうなる。われわれは人間だけの世界に生きているのでなく、自然界の中で生かされ、自然界すべてのものと意味のある関係をもっている。自然を支配できると考えるなどもってのほか。なぜなら世界の中に必要ないものなどはなく、一部の人間の判断で他——それが動物でも人間集団でも——を抹殺することは自らの破滅につながるからである。

　ゴンドワナ型神話が教えるのは、対等の関係あるいは互酬性、すなわち調和と共存こそが世界の神秘、そして人類の、いや、地球上の生きとし生けるものたちの叡智だということだ。動物も、植物も、森もみなそう考えているからだ。結局のところは進化思想であり右肩上がりの思考であり、さらには自民族中心主義につながりかねない危険性を孕んだローラシア型神話とは違って、ゴンドワナ型神話は、われわれは自分たちだけの永遠の成長など求めてはならないことを教えてくれる。

人類最古の神話、あるいは日本列島最古の神話について考えるなど、浮世離れした作業に見えるかもしれない。しかしこのような試みにこそ案外、現代の行き詰まりを解決できるヒントがあるのではないか。

このような営みに少し期待を感じ始めている今日この頃である。

参照文献

〈人類学・人類進化学関係〉

海部陽介（二〇一六）『日本人はどこから来たのか？』、文藝春秋
キングドン、ジョナサン（一九九五）『自分をつくりだした生物』、青土社
サイクス、ブライアン（二〇〇一）『イヴの七人の娘たち』、ソニー・マガジンズ
斎藤成也（二〇一五）『日本列島人の歴史』、岩波ジュニア新書
崎谷満（二〇〇五）『DNAが解き明かす日本人の系譜』、勉誠出版
篠田謙一（二〇〇七）『日本人になった祖先たち：DNAから解明するその多元的構造』、日本放送出版協会
篠田謙一（二〇一五）『DNAで語る日本人起源論』、岩波現代全書
鈴木光太郎（二〇一三）『ヒトの心はどう進化したのか：狩猟採集生活が生んだもの』、ちくま新書
フィンレイソン、クライブ（二〇一三）『そして最後にヒトが残った：ネアンデルタール人と私たちの50万年史』、白揚社
フェイガン、ブライアン（二〇一三）『海を渡った人類の遥かな歴史：名もなき古代の海洋民はいかに航

海したのか』、河出書房新社
ブロディ、ヒュー（二〇〇四）『エデンの彼方：狩猟採集民・農耕民・人類の歴史』、草思社
ボーム、クリストファー（二〇一四）『モラルの起源：道徳、良心、利他行動はどのように進化したのか』、白揚社
ミズン、スティーヴン（一九九八）『心の先史時代』、青土社
ルイス＝ウィリアムズ、デヴィッド（二〇一二）『洞窟のなかの心』、講談社
ルロワ＝グーラン、アンドレ（一九七三）『身振りと言葉』、新潮社
ルロワ＝グーラン、アンドレ（一九八五）『先史時代の宗教と芸術』、日本エディタースクール出版部

〈神話関係〉

アードス、リチャード・オルティス、アルフォンソ（一九九七）『アメリカ先住民の神話伝説』上下、青土社
石塚正英（一九九五）『「白雪姫」とフェティシュ信仰』、理想社
伊藤清司（一九九六）『中国の神話・伝説』、東方書店
伊藤義教（二〇一二）『原典訳・アヴェスター』、ちくま学芸文庫
井村君江（一九九〇）『ケルトの神話』、ちくま文庫

入谷仙介（一九九八）『「西遊記」の神話学：孫悟空の謎』、中公新書
袁珂（一九九三）『中国の神話伝説』上下、青土社
大林太良（一九八六）『神話の系譜：日本神話の源流をさぐる』、青土社、（一九九一）講談社学術文庫
大林太良・他（編）（一九九四）『世界神話事典』、角川書店
岡田明子・小林登志子（二〇〇八）『シュメル神話の世界：粘土板に刻まれた最古のロマン』、中公新書
忍足欣四郎（訳）（一九九〇）『ベーオウルフ：中世イギリス英雄叙事詩』、岩波文庫
オズボーン、ハロルド（一九九二）『ペルー・インカの神話』、青土社
紙村徹（二〇一二）「山幸彦、海神宮にて豊玉姫と出会いしこと：ニューギニア神話からの眼差し」『アジア遊学一五八：古事記・環太平洋の日本神話』
キャンベル、ジョゼフ（一九九六）『時を超える神話：キャンベル選集』、角川書店
キャンベル、ジョゼフ（一九九六）『野に雁の飛ぶとき：キャンベル選集』、角川書店
ギラン、フェリックス（一九九三）『ロシアの神話』、青土社
グレイ、ジョン（一九九三）『オリエント神話』、青土社
ケルト神話研究会（編）（二〇一三）『ケルト神話全書』、日本文芸社
小泉保（訳）（一九七六）『リョンロット編：カレワラ』上下、岩波文庫
小泉保（一九九九）『カレワラ神話と日本神話』、ＮＨＫブックス

コーレン、マイケル（二〇〇一）『トールキン「指輪物語」を創った男』、原書房
後藤明（一九九九）『「物言う魚」たち：鰻・蛇の南島神話』、小学館
後藤明（二〇〇二）『南島の神話』、中公文庫
後藤明（二〇〇三）『海を渡ったモンゴロイド：太平洋と日本への道』、講談社選書メチエ
後藤明（二〇一〇）『海から見た日本人：海人で読む日本の歴史』、講談社選書メチエ
相良守峯（訳）（一九五五）『ニーベルンゲンの歌』上下、岩波文庫
篠田知和基・丸山顕徳（編）（二〇〇五）『世界の洪水神話：海に浮かぶ文明』、勉誠出版
篠田知和基・丸山顕徳（編）（二〇一六）『世界神話伝説大事典』、勉誠出版
ジョーダン、マイケル（一九九六）『主題別事典　世界の神話』、青土社
関根正雄（訳）（一九五六）『旧約聖書・創世記』、岩波文庫
タウベ、カール（一九九六）『アステカ・マヤの神話』、丸善ブックス
田中仁彦（一九九五）『ケルト神話と中世騎士物語：「他界」への旅と冒険』、中公新書
谷口幸男（訳）（一九七三）『エッダ：古代北欧歌謡集』、新潮社
辻直四郎（訳）（一九七〇）『リグ・ヴェーダ讃歌』、岩波文庫
デイ、デイヴィッド・リー、アラン（一九九六）『トールキン：指輪物語伝説』、原書房
ナダスディ、ポール（二〇一二）「動物にひそむ贈与：人と動物の社会性と狩猟の存在論」奥野克巳他

（編）『人と動物の人類学』、春風社
パーカー、K・ラングロー（一九九六）『アボリジニー神話』、青土社
パリンダー、ジェフリー（一九九一）『アフリカ神話』、青土社
ヒネルズ、ジョン（一九九三）『ペルシア神話』、青土社
フレーザー、ジェームズ（一九七六）『旧約聖書のフォークロア』、太陽社
ヘシオドス（一九八四）『神統記』、岩波文庫
ベリョーツキン、ユーリ（二〇一二）「環太平洋における日本神話モチーフの分布」『アジア遊学一五八：古事記・環太平洋の日本神話』
ボンヌフォア、イヴ（編）（二〇〇一）『世界神話事典』、大修館書店
マッカーナ、プロインシァス（一九九一）『ケルト神話』、青土社
松村一男（監修）（二〇〇七）『もう一度学びたいギリシア神話』、西東社
水野知昭（二〇〇二）『生と死の北欧神話』、松柏社
山田仁史（二〇〇九）「神話における太陽・月・星の関係」『東北宗教学』5
吉田敦彦（一九九四）『世界の始まりの物語：天地創造神話はいかにつくられたか』、大和書房
リーミング、デービット・リーミング、マーガレット（一九九八）『創造神話の事典』、青土社
ローズ、デボラ（二〇〇三）『生命の大地：アボリジニ文化とエコロジー』、平凡社

〈洋書〉

Allan, Tony, F. Gleming and C. Phillips (2012) African Myths and Beliefs. The Rosen.

Belcher, Stephen (2005) *African Myths of Origin*. London: Penguin Books.

Berezkin, Yuri (2009) Why are people mortal?: world mythology and the "out-of-Africa" scenario. In: P. N. Peregrine et al. (eds.), *Ancient Human Migrations: a Multidisciplinary Approach*. Salt Lake City: University of Utah Press.

Bleek, W.H.I. and L.C. Lloyd (1911) *Specimens of Bushman Folklore*. London: George Allen & Company.

Dixon, Roland (1916) *The Mythology of All Races: Oceanic*. Boston: Marshall Jones.

Elwin, Verrier (1949) *Myths of Middle India*. Oxford: Oxford University Press.

Elwin, V. (1954) *Tribal Myths of Orissa*. Oxford: Oxford University Press.

Elwin, V. (1999) *Myths of the North-East Frontier of India*. Munshiram Manoharlal.

Evans, Ivor H.N. (1937) *The Negritos of Malaya*. London: Routledge.

Hatt, Gudmund (1949) *Asiatic Influences in American Folklore*. I Kommission hos Ejnar Munksgaard.

Henry, Teuira. (1928) *Ancient Tahiti*. B.P. Bishop Museum, Bulletin 34.

Holmberg, Uno (1927) *Mythology of All Races: Finno-Ugric, Siberian*. Boston: Marshall Jones.

Karim, Wazir-Jahan B. (1981) *Ma' Betisék Concepts of Living Things*. London: The Athlone Press.

Lowenstein, Tom and Piers Vitebsky (2012) *Native American Myths and Beliefs*. New York: Rosen Publishing.

Plomley, NJB (ed.) (2008) *Friendly Mission: The Tasmanian Journals and Papers of George Ausustus Robinson, 1829-1834*. Queen Victoria Museum and Art Gallery.

Radcliffe-Brown, Alfred R. (1906) *The Andaman Islanders: a Study in Social Anthropology* (Anthony Wilkin Studentship Research, 1906)

Schebesta, Paul (1973) *Among the Forest Dwarfs of Malaya*. London: Oxford Univesity Press.

Werner, Alice (1964) *The Mythology of All Races: African Mythology*. Boston: Marshall Jones.

Wilbert, Johannes (ed.) (1975) *Folk Literature of the Selkam Indians: Martin Gusinde's Collection of Selknam Narratives*. UCLA Latin American Center Publications.

Wilbert, Johannes (ed.) (1977) *Folk Literature of the Yamana Indians: Martin Gusinde's Collection of Yamana Narratives*. Berkeley: University of California Press.

Witzel, Michael E.J. (2012) *The Origins of the World's Mythologies*. Oxford University Press.

おわりに

私の専門は南太平洋オセアニアである。メラネシアの文化とポリネシアの文化の違いに関しては異なった民族の波から説明された時代があった。しかしここ三、四〇年ほどは、言語学や考古学そして遺伝学などの進展によって、ポリネシア人はメラネシアを通ってきたラピタ集団に由来すると考えられるようになった（最近年では少し違う説も出ているが）。

メラネシアとポリネシアでは金属を持たない点、芋や魚介類を中心とした食生活など文化要素に大きな違いはない。またオーストロネシア語という共通の言語的基盤もある。両者がもっとも異なるのは、所謂、部族社会と首長制社会という社会形態である。神話においても作物起源についての死体化成型神話や釣針喪失譚など共通の要素もある。しかしそれでもなお私は、ポリネシアの神話世界の全体像がメラネシアの神話から派生したとはどうしても思えなかった。

たまたま神田の書店、考古学の古本で有名な書店で偶然見つけたのが、本書でとりあげたM・ヴィッツェル氏の書いた*The Origin of World's Mythologies*（二〇一三年刊）という分厚い本であった。最近はネットで本を買うことが普通なので、学生時代のように神田の古本屋を覗きながら歩くことも少なくなっていた。上京し、たまたま時間が空いたので考古学を専攻していた学生時代を懐かしんで入った書店で偶然手にしたのがこの本であった。

私はこの本を、ポリネシア神話とメラネシア神話の違いを納得いく形で説明してくれるものとして読み始めたが、内容はそれにとどまらなかった。図らずも人類進化、ホモ・サピエンスの移動という地球規模の問題提起がなされていたのである。

以前から私は、ロシアのユーリ・ベリョーツキン氏がサハラ以南とオーストラリア・アボリジニ、あるいは南米の神話における不思議な一致を指摘し、これをホモサピエンスの初期移動と関係づける議論をしていることは知っていた。国学院大学で行われたシンポジウムにも参加し、ヴィツェル氏やベリョーツキン氏らと同席したこともあった。

その後しばらく神話の研究はご無沙汰していた。一方、二〇一三年から国立科学博物館の海部陽介氏のお誘いで「三万年前の実証航海」プロジェクトに参加することとなっていた。このプロジェクトでの私の役割は、旧石器時代の舟技術の推測であった。ただしそれは単なる推測ではなく、実際に三万年前の舟を復元し、台湾から八重山まで渡ってみるという実験考古学的プロジェクトであった。はからずも私は、どうやって旧石器人が見えない日本列島に渡れたのか、また彼らはどのような神話を語っていたのかを想像するようになっていた。

振り返るに還暦一年前の二〇一三年は、自分にとって新たな始動の年であった。この年は、私がそれまで一〇年間関わってきた沖縄海洋博公園内の海洋文化館のリニューアルが完成した年でもあった。自分のライフワークとしてこの仕事に賭けてきた私は、実は内心、これが終わったら「海洋文化館ロス」になるのではと密かに心配していた。しかしそれも杞憂だった。三万前の航海プロジェクトやNPO日本航海協会（日向市を拠点、私も理事として参加）が進める古代日本航海プロジェクトへの参与、ミクロネシアの巨石モニュメントの天文考古学的調査、そして本書の執筆などのおかげで還暦を過ぎてもなお、というより還暦が再スタートとなって楽しい、充実した日々を過ごすことができている。

今年二〇一七年の上半期には『天文の考古学』（同成社）を上程することができた。目下、私がもっとも関心のある天文人類学の書物である。そして下半期はこの本の出版にこぎ着けた。この本では旧石器時代や狩猟採集民の天文神話について触れることができた。一年に二冊の本を出版することは初めての経験だったが、二〇一三年がいろいろなことの再出発となっていることを痛感する。

最後に本書を書くに当たり、『新・神話学入門』などを著し、現在、日本の神話研究をリードしている東北大学の山田仁史氏にベリョーツキンや松村一男氏の論文コピーやご自身の研究からのご教示を得ていることを記して感謝申し上げたい。
　この本のお話をいただいたのは講談社現代新書の山崎比呂志さんである。山崎さんと本を出すのは三冊目だが、その副産物ともいえる脱「海洋文化館ロス」の導きに感謝申し上げたい。

後藤　明

二〇一七年一一月

講談社現代新書　2457

世《せ》界《かい》神《しん》話《わ》学《がく》入《にゅう》門《もん》

二〇一七年一二月二〇日第一刷発行

著　者　後藤《ごとう》　明《あきら》　

発行者　鈴木　哲
発行所　株式会社講談社
東京都文京区音羽二丁目一二―二一　郵便番号一一二―八〇〇一
電　話　〇三―五三九五―三五二一　編集（現代新書）
〇三―五三九五―四四一五　販売
〇三―五三九五―三六一五　業務
装幀者　中島英樹
印刷所　凸版印刷株式会社
製本所　株式会社国宝社
定価はカバーに表示してあります　Printed in Japan

N.D.C. 164　282p　18cm
ISBN978-4-06-288457-0

#「講談社現代新書」の刊行にあたって

教養は万人が身をもって養い創造すべきものであって、一部の専門家の占有物として、ただ一方的に人々の手もとに配布され伝達されうるものではありません。

しかし、不幸にしてわが国の現状では、教養の重要な養いとなるべき書物は、ほとんど講壇からの天下りや単なる解説に終始し、知識技術を真剣に希求する青少年・学生・一般民衆の根本的な疑問や興味は、けっして十分に答えられ、解きほぐされ、手引きされることがありません。万人の内奥から発した真正の教養への芽ばえが、こうして放置され、むなしく滅びさる運命にゆだねられているのです。

このことは、中・高校だけで教育をおわる人々の成長をはばんでいるだけでなく、大学に進んだり、インテリと目されたりする人々の精神力の健康さえもむしばみ、わが国の文化の実質をまことに脆弱なものにしています。単なる博識以上の根強い思索力・判断力、および確かな技術にささえられた教養を必要とする日本の将来にとって、これは真剣に憂慮されなければならない事態であるといわなければなりません。

わたしたちの「講談社現代新書」は、この事態の克服を意図して計画されたものです。これによってわたしたちは、講壇からの天下りでもなく、単なる解説書でもない、もっぱら万人の魂に生ずる初発的かつ根本的な問題をとらえ、掘り起こし、手引きし、しかも最新の知識への展望を万人に確立させる書物を、新しく世の中に送り出したいと念願しています。

わたしたちは、創業以来民衆を対象とする啓蒙の仕事に専心してきた講談社にとって、これこそもっともふさわしい課題であり、伝統ある出版社としての義務でもあると考えているのです。

一九六四年四月　野間省一

世界史Ⅰ

834 ユダヤ人——上田和夫
934 大英帝国——長島伸一
968 ローマはなぜ滅んだか 弓削達
1017 ハプスブルク家——江村洋
1080 ユダヤ人とドイツ——大澤武男
1088 ヨーロッパ「近代」の終焉——山本雅男
1097 オスマン帝国——鈴木董
1151 ハプスブルク家の女たち 江村洋
1249 ヒトラーとユダヤ人 大澤武男
1252 ロスチャイルド家 横山三四郎
1282 戦うハプスブルク家 菊池良生
1283 イギリス王室物語——小林章夫

1306 モンゴル帝国の興亡〈上〉——杉山正明
1307 モンゴル帝国の興亡〈下〉——杉山正明
1321 聖書vs.世界史——岡崎勝世
1366 新書アフリカ史——宮本正興 松田素二 編
1442 メディチ家——森田義之
1470 中世シチリア王国——高山博
1486 エリザベスI世——青木道彦
1572 ユダヤ人とローマ帝国 大澤武男
1587 傭兵の二千年史——菊池良生
1588 現代アラブの社会思想 池内恵
1664 新書ヨーロッパ史 中世篇 堀越孝一 編
1673 神聖ローマ帝国——菊池良生
1687 世界史とヨーロッパ 岡崎勝世

1705 魔女とカルトのドイツ史——浜本隆志
1712 宗教改革の真実——永田諒一
1820 スペイン巡礼史——関哲行
2005 カペー朝——佐藤賢一
2070 イギリス近代史講義——川北稔
2096 モーツァルトを「造った」男——小宮正安
2189 世界史の中のパレスチナ問題 臼杵陽
2281 ヴァロワ朝——佐藤賢一

世界史Ⅱ

哲学・思想I

66 哲学のすすめ――岩崎武雄
159 弁証法はどういう科学か　三浦つとむ
501 ニーチェとの対話――西尾幹二
871 言葉と無意識――丸山圭三郎
898 はじめての構造主義　橋爪大三郎
916 哲学入門一歩前――廣松渉
921 現代思想を読む事典　今村仁司 編
977 哲学の歴史――新田義弘
989 ミシェル・フーコー　内田隆三
1001 今こそマルクスを読み返す　廣松渉
1286 哲学の謎――野矢茂樹
1293 「時間」を哲学する――中島義道
1315 じぶん・この不思議な存在―鷲田清一
1357 新しいヘーゲル――長谷川宏
1383 カントの人間学――中島義道
1401 これがニーチェだ――永井均
1420 無限論の教室――野矢茂樹
1466 ゲーデルの哲学――高橋昌一郎
1575 動物化するポストモダン　東浩紀
1582 ロボットの心――柴田正良
1600 ハイデガー=存在神秘の哲学――古東哲明
1635 これが現象学だ――谷徹
1638 時間は実在するか　入不二基義
1675 ウィトゲンシュタインはこう考えた　鬼界彰夫
1783 スピノザの世界――上野修
1839 読む哲学事典――田島正樹
1948 理性の限界――高橋昌一郎
1957 リアルのゆくえ――東浩紀 大塚英志
1996 今こそアーレントを読み直す――仲正昌樹
2004 はじめての言語ゲーム――橋爪大三郎
2048 知性の限界――高橋昌一郎
2050 超解読！　はじめてのヘーゲル『精神現象学』　竹田青嗣 西研
2084 はじめての政治哲学　小川仁志
2099 超解読！　はじめてのカント『純粋理性批判』　竹田青嗣
2153 感性の限界――高橋昌一郎
2169 超解読！　はじめてのフッサール『現象学の理念』――竹田青嗣
2185 死別の悲しみに向き合う――坂口幸弘
2279 マックス・ウェーバーを読む――仲正昌樹

哲学・思想Ⅱ

13 論語――貝塚茂樹
285 正しく考えるために 岩崎武雄
324 美について――今道友信
1007 日本の風景・西欧の景観――オギュスタン・ベルク 篠田勝英 訳
1123 はじめてのインド哲学 立川武蔵
1150 「欲望」と資本主義――佐伯啓思
1163 「孫子」を読む――浅野裕一
1247 メタファー思考――瀬戸賢一
1248 20世紀言語学入門 加賀野井秀一
1278 ラカンの精神分析――新宮一成
1358 「教養」とは何か――阿部謹也
1436 古事記と日本書紀 神野志隆光
1439 〈意識〉とは何だろうか 下條信輔
1542 自由はどこまで可能か 森村進
1544 倫理という力――前田英樹
1560 神道の逆襲――菅野覚明
1741 武士道の逆襲――菅野覚明
1749 自由とは何か――佐伯啓思
1763 ソシュールと言語学――町田健
1849 系統樹思考の世界――三中信宏
1867 現代建築に関する16章 五十嵐太郎
1875 日本を甦らせる政治思想 菊池理夫
2009 ニッポンの思想――佐々木敦
2014 分類思考の世界――三中信宏
2093 ウェブ×ソーシャル×アメリカ 池田純一
2114 いつだって大変な時代――堀井憲一郎
2134 いまを生きるための思想キーワード――仲正昌樹
2155 独立国家のつくりかた 坂口恭平
2164 武器としての社会類型論 加藤隆
2167 新しい左翼入門――松尾匡
2168 社会を変えるには――小熊英二
2172 私とは何か――平野啓一郎
2177 わかりあえないことから 平田オリザ
2179 アメリカを動かす思想 小川仁志
2216 まんが 哲学入門――森岡正博 寺田にゃんこふ
2254 教育の力――苫野一徳
2274 現実脱出論――坂口恭平
2290 闘うための哲学書――小川仁志 萱野稔人